贵州省动物防疫条例导读

GUIZHOUSHENG DONGWU FANGYI TIAOLI DAODU

杨齐心　冉隆仲／主编

贵州大学出版社
Guizhou University Press

图书在版编目（ＣＩＰ）数据

贵州省动物防疫条例导读 / 杨齐心，冉隆仲主编
. -- 贵阳：贵州大学出版社，2023.6
ISBN 978-7-5691-0726-5

Ⅰ . ①贵… Ⅱ . ①杨… ②冉… Ⅲ . ①动物防疫一条
例－法律解释－贵州 Ⅳ . ① D927.730.245

中国国家版本馆 CIP 数据核字 (2023) 第 091120 号

贵州省动物防疫条例导读
GUIZHOU SHENG DONGWU FANGYI TIAOLI DAODU

主　编：杨齐心　冉隆仲

....

出 版 人：闵　军
责任编辑：葛静萍
责任校对：韦　霞
装帧设计：陈　艺　方国进

....

出版发行：贵州大学出版社有限责任公司
　　　　　地址：贵阳市花溪区贵州大学北校区出版大楼
　　　　　邮编：550025　电话：0851-88291180
印　　刷：贵州思捷华彩印刷有限公司
开　　本：889 毫米×1194 毫米　1/32
印　　张：5
字　　数：137千字
版　　次：2023年6月　第1版
印　　次：2023年6月　第1次印刷

....

书　　号：ISBN 978-7-5691-0726-5
定　　价：15.00元

本书编委会

主　　　任：唐　宇

常务副主任：李　涛　　孙龙伟

副　主　任：吴黎辉　袁　江　蔡德晋　俞俊锋

主　　　编：杨齐心　冉隆仲

参编人员：李　晨　汪忠荣　高潇祎　毛以智　郭小江

　　　　　　李　潇　陈立仙　吴德方　王安波　肖　林

前　言

　　动物防疫是从源头防控疫情风险、筑牢公共卫生安全防线的"重要关卡"，事关畜禽等动物源性产品有效供给、社会经济稳定发展、公共卫生安全和食品安全。习近平总书记强调，要实行积极防御、主动治理，坚持人病兽防、关口前移，从源头前端阻断人兽共患病的传播路径。

　　为筑牢动物防疫安全网，保障畜牧产业健康发展，2022年5月25日，贵州省第十三届人民代表大会常务委员会第三十二次会议表决通过《贵州省动物防疫条例》，于2022年9月1日起施行。此为《贵州省动物防疫条例》的第二次修订，一是为了与2021年5月1日起施行的《中华人民共和国动物防疫法》保持一致；二是基于近年来贵州省非洲猪瘟等重大动物疫病发生和流行规律以及基层防疫体系建设情况，把工作中行之有效的一些措施方法上升为法规条文，进一步增强措施方法的强制性和延续性；三是针对动物防疫工作中遇到的、可能危及动物防疫工作大局的部分新情况、新变化、新问题，结合有关规定、行业惯例和公众诉求，对规范有效应对提出了新要求，以增强条文规定的针对性和前瞻性。

　　修订后的《贵州省动物防疫条例》共6章45条，章节和条文数与修订前保持一致，但在动物疫病防控理念、人畜共患传染病防治、犬的饲养管理、行政处罚措施等方面作了较大幅度的修改。为了配合《贵州省动物防疫条例》的学习、宣传和贯彻实施，我们编写了本书，结合有关法律法规、部门规章、规范性文件和贵州动物防疫工作实际，对《贵州省动物防疫条例》逐条进行解读说明。本书可供有关部门和相关人员学习参考，但不作为行业主管部门和监督执法人员制定政策、开展工作的依据，尤其对涉及违法行为的处罚，应结合国家规定、行政处罚自由裁量权基准，以及违法行为的性质、情节和对社会的危害程度等因素综合研究确定。

由于水平和时间有限，不妥之处，敬请读者批评指正。

编者

2023 年 3 月

目　　录

第一部分 《贵州省动物防疫条例》导读

第一章 总则

本章共九条，对立法目的，适用范围，政府动物防疫职责，动物防疫管理体制，部门协作，动物卫生监督机构和动物疫病预防控制机构的职责，鼓励开展动物防疫社会化服务、参与动物防疫基础设施建设等作了规定。

第一条 为了预防、控制、净化和消灭动物疫病，促进养殖业健康发展，防控人畜共患传染病，保护人体健康，维护公共卫生安全，根据《中华人民共和国动物防疫法》和有关法律、法规的规定，结合本省实际，制定本条例。

本条是关于《贵州省动物防疫条例》（以下简称《条例》）修订目的及修订依据的规定。

本条有两处重要修订，一是将"预防、控制和扑灭动物疫病"改为"预防、控制、净化和消灭动物疫病"；二是增加了"防控人畜共患传染病"的表述。这两处都是比照《中华人民共和国动物防疫法》（以下简称《动物防疫法》）进行修订的。

第一处体现了动物防疫总体思路和实现路径的重大转变，与第三条等条款相互衔接。将"扑灭"改为"净化、消灭"，主要基于以下四方面考虑：一是表述更加准确，动物疫病扑灭更多与具体疫情处置相关，可视为动物疫病控制措施的一种；动物疫病净化是指通过检测、扑杀、淘汰、无害化处理等措施，发现和淘汰养殖场内患病动物，从而降低动物疫病流行率，逐步达到清除动物疫病的目的；动物疫病消灭，是指通过净化措施，达到彻底消灭动物疫病病原的结果和状态。

2017 年，中共中央办公厅国务院办公厅联合印发的《关于创新体制机制推进农业绿色发展的意见》(中办发〔2017〕56 号)，明确提出"推动动物疫病防控从有效控制到逐步净化消灭转变"。二是当前畜牧业正在向高质量发展阶段转变，非洲猪瘟、口蹄疫、高致病性禽流感等重大动物疫病基本得到控制。三是从动物疫病流行规律看，单纯的预防和控制已经难以有效遏制动物病原体变异及侵害，必须有计划地对重点病种实施净化、消灭措施，推进重点病种从免疫临床发病向免疫临床无病过渡，逐步清除病原，降低病原污染面和疫病流行率，直至最终消灭动物疫病。四是推进动物疫病净化和消灭工作是国际上的通行做法，是被广泛运用且效果明显的动物防疫策略。此次改动标志着动物防疫的方针由"预防为主"向"预防为主，预防与控制、净化、消灭相结合"转变，是对新发展阶段高质量做好动物防疫工作的方向指引。

第二处也如前文所述，《动物防疫法》被列入全国人大常委会专项立法修法工作计划后，涉及人畜共患传染病防治的内容得到进一步强化，此处修订就是具体体现。做好动物防疫工作不仅仅是为了保护动物健康，更重要的是保护人体健康。目前较为常见的已知动物传染病超过 200 种，其中人畜共患传染病占比超过 70%，人畜共患传染病死亡人数在全球传染病死亡人数中的占比很高，例如布鲁氏菌病、狂犬病、结核病、炭疽病等都曾给人类带来灾难性的危害。人畜共患传染病是在人和动物间双向传播的，应当构建公共卫生和动物卫生的协作机制，进行双向防控。因此，本次修订借鉴新型冠状病毒感染疫情防控经验，坚持以人为本、人民至上，将"防控人畜共患传染病"增加为立法目的，并在第十六条作出具体规定。

一、修订背景

动物防疫工作事关生态环境安全、养殖业生产安全、动物源性食品安全以及公共卫生安全，尤其是新型冠状病毒感染疫情暴发以后，动物防疫工作的重要性不言而喻。自 1997 年《动物防疫法》颁布实施以来，贵州省动物防疫工作的开展与国家的政策法律一直保持同步，并于 2004 年制定了《条例》，于 2017 年对《条例》进行了第一次修订。修订《条例》自 2018 年 1 月 1 日实施以来，贵州省动物防疫工作得到加强，规范化、制度化和法制化水平得到明显提升，非洲猪瘟、高致病性禽流感、口蹄疫等重大动物疫病防控工作颇有成效，为按时打赢脱贫攻坚战作出了积极贡献。但是，由于动物、动物产品跨省调运频繁，加上贵州省基层动物防疫体系较弱、畜禽养殖方式比较落后，动物防疫形势依旧不容乐观。动物检疫和流通环节监管等工作需要从地方性法规的层面进行规范。同时，新一轮机构改革后，贵州省各级动物防疫机构及职能发生了较大变化，加之国家对《动物防疫法》进行了修订并于 2021 年 5 月 1 日正式施行。因此需要尽快修订《条例》，确保《动物防疫法》有效实施，更好适应新时期贵州省动物防疫工作需要。

二、修订依据

《动物防疫法》第一条规定："为了加强对动物防疫活动的管理，预防、控制、净化、消灭动物疫病，促进养殖业发展，防控人畜共患传染病，保障公共卫生安全和人体健康，制定本法。"

第二条　本条例适用于本省行政区域内的动物防疫及其监督管理活动。

本条是关于《条例》适用范围的规定。

本条只有一处修订，将"动物疫病的预防、控制、扑灭和动物、动物产品的检疫"改为"动物防疫"。此处修订有两个原因，其一是《条例》精简化的体现，精简为"动物防疫"，不再重复"动物疫病的预防、控制、扑灭和动物、动物产品的检疫"，因为《条例》第三条已经对动物防疫进行了定义，在此可以不再重复；其二是《条例》随着《动物防疫法》的改变而改变，参照《动物防疫法》第二条第一款规定进行修订。

一、《条例》的适用与调整事项的范围

《条例》的适用范围，包括行为效力、空间效力以及时间效力。《条例》开始适用的时间是 2022 年 9 月 1 日，地域范围是贵州省内，对象是在贵州省内从事动物防疫及其监督管理活动的法人和个人。动物防疫涉及范围很广，主要是因为动物防疫涉及社会生产、生活的各个方面，既包括动物疫病的预防、控制、诊疗、净化、消灭、动物及动物产品的检疫、病死动物和病害动物产品的无害化处理等动物防疫活动，还包括动物防疫活动的监督管理。

二、修订依据

《动物防疫法》第二条第一款规定："本法适用于在中华人民共和国领域内的动物防疫及其监督管理活动。"

第三条 本条例所称动物，是指家畜家禽和人工饲养、捕获的其他动物。

本条例所称动物产品，是指动物的肉、生皮、原毛、绒、脏器、脂、血液、精液、卵、胚胎、骨、蹄、头、角、筋以及可能传播动物疫病的奶、蛋等。

本条例所称动物疫病，是指动物传染病，包括寄生虫病。

本条例所称动物防疫，是指动物疫病的预防、控制、诊疗、净化、消灭和动物、动物产品的检疫，以及病死动物、病害动物产品的无害化处理。

本条是对《条例》调整对象的规定。

本条是《条例》新增的条款，原《条例》中没有该条并不是立法疏漏，而是上位法已有规定，在实践中遇到类似问题可直接适用上位法。但是此次上位法对调整对象也进行了修订，重要的修订有两处：一是在动物定义中将"人工饲养、合法捕获的其他动物"改为"人工饲养、捕获的其他动物",删除了"合法"二字；二是在动物防疫定义中,增加了"诊疗、净化、消灭"和"病死动物、病害动物产品的无害化处理"。

第一处删去"合法"二字后,《动物防疫法》中动物的定义有所扩大,凡人工饲养、捕获的其他动物(如实验动物、观赏动物、演艺动物、伴侣动物、水生动物,以及人工驯养繁殖、捕获的野生动物等),均应依照规定采取相关防控措施,防止动物疫病向家畜家禽和人群传播,填补了此前法律规定上的缺项。

第二处在动物防疫定义中增加了诊疗、净化、消灭、无害化处理,进一步拓展了动物防疫的内涵。值得注意的是,动物诊疗和无害化处理与动物、动物产品检疫一样,都是动物疫病防控工作的重要内容,上位法也都设置了专章予以规范,将其补充进动物防疫的定义是必要的。此处修订后,动物防疫工作的内容更加全面,监管链条更加完整,防控措施更加有效。也正是因为上位法作了较大幅度的修订,本次《条例》的修订才新增了本条作为第三条,同时这一新增也是为第二条及相关条款精简提供支撑。

修订依据

《动物防疫法》第三条规定:"本法所称动物,是指家畜家禽和人工饲养、捕获的其他动物。

"本法所称动物产品,是指动物的肉、生皮、原毛、绒、脏器、脂、血液、精液、卵、胚胎、骨、蹄、头、角、筋以及可能传播动物疫病的奶、蛋等。

"本法所称动物疫病,是指动物传染病,包括寄生虫病。

"本法所称动物防疫,是指动物疫病的预防、控制、诊疗、净化、消灭和动物、动物产品的检疫,以及病死动物、病害动物产品的无害化处理。"

第四条　县级以上人民政府应当将动物防疫工作纳入国民经济和社会发展规划，制定并组织实施动物疫病防治规划，将动物防疫经费纳入同级财政预算。加强动物防疫机构队伍和基础设施建设，完善动物疫情应急预案，做好动物防疫物资的应急储备和保障供给工作。

本条是关于动物防疫工作中县级以上人民政府作为责任主体的规定。

本条是原《条例》的第三条第一款，从表述上并未变动，但是删除了原《条例》第三条的第二款和第三款，并对其作出修订，使其独立出来，成为修订后《条例》的第五条。

随着科学进步，目前流行的大多数动物疫病已经可以采用防控技术手段以及行政措施进行预防和控制。但是相关的社会管理活动、技术性活动以及动物防疫体系的建设完善，不管是在应急状态，还是在日常情况下防疫工作的有序正常推进，都离不开县级以上人民政府的统一领导，离不开防疫政策的相对稳定，离不开公共财政持续的支持和保障。一是加强对动物防疫工作的领导。由于动物防疫工作涉及部门多，必须由县级以上人民政府统一领导，统一指挥，统一调配资源，统一采取措施，确保各部门心往一处想，劲往一处使，形成工作合力；同时，还要制定并组织实施动物疫病防治规划，将动物防疫经费纳入同级财政预算，确保动物疫病预防、控制、净化和消灭等措施得以有效执行。二是加强动物防疫体系建设。动物防疫工作的重点在基层，难点也在基层，没有基层动物防疫机构和队伍作保障，动物防疫的质量就难以保证。近年来，部分县乡动物防疫机构逐渐弱化，专业技术力量日渐薄弱，动物防疫队伍后继人力不足等现象越来越严重，尤其是 2018 年和 2019 年暴发的非洲猪瘟疫情，充分暴露出基层动物防疫体系"线断、人散、网破"的问题，因此很有必要从法律层面对动物防疫机构队伍和基础设施建设提出要求。在基层动物防疫体系建设方面，2022 年 5 月，贵州省农业农村厅联合中共贵州省委机构编制委员会办公室印发《贵州省基层动植物疫病防控体系建设工作方案》，对基层动物防疫体系建设作了规定，要求责任明确到机构、到岗位、到人员，做到责有人负、活有人干、事有人管，确保基层动物疫病防控工作只能加强，不能削弱。三是加强动物疫情应急管理。县级以上人民政府要及时修订完善动物疫情应急预案及重大动物疫病疫情应急实施方案。目前，贵州省级层面已制定印发了《贵州省突发动物疫情应急预案》，配套制定了非洲猪瘟、高致病性禽流感、口蹄疫等单病种疫情应急实施方案，形成了较完整的应急预案体系。同时，县级以上人民政府还要做好应急物资的采购、储备与更新，以保证应急工作需要。

修订依据

《动物防疫法》第八条规定："县级以上人民政府对动物防疫工作实行统一领导，采取有效措施稳定基层机构队伍，加强动物防疫队伍建设，建立健全动物防疫体系，制定并组织实施动物疫病防治规划。

"乡级人民政府、街道办事处组织群众做好本辖区的动物疫病预防与控制工作，村民委员会、居民委员会予以协助。"

第七十九条规定："县级以上人民政府应当将动物防疫工作纳入本级国民经济和社会发展规划及年度计划。"

第八十三条规定："县级以上人民政府按照本级政府职责，将动物疫病的监测、预防、控制、净化、消灭，动物、动物产品的检疫和病死动物的无害化处理，以及监督管理所需经费纳入本级预算。"

第八十四条规定："县级以上人民政府应当储备动物疫情应急处置所需的防疫物资。"

第五条　乡镇人民政府、街道办事处根据动物防疫工作需要配备专职动物防疫管理人员，主要承担以下动物疫病预防与控制职责：

（一）组织本辖区内饲养动物的单位和个人做好强制免疫，协助县级以上人民政府农业农村主管部门做好监督检查工作；

（二）组织协调居民委员会、村民委员会，做好本辖区流浪犬、猫的控制和处置，防止疫病传播；

（三）结合本地实际，做好农村地区饲养犬只的防疫管理工作；

（四）发生三类动物疫病时，按照国务院农业农村主管部门的规定组织防治；

（五）对在城市公共场所和乡村发现的死亡畜禽，负责组织收集、处理并溯源；

（六）动物防疫相关法律法规规定的其他职责。

村民委员会、居民委员会应当协助做好本辖区内的动物防疫工作，引导村民、居民依法履行动物防疫义务。

本条是关于动物防疫中乡镇人民政府、街道办事处作为责任主体的规定。

相较上位法，本条对乡镇人民政府、街道办事处在动物防疫中的主要职责作了具体规定。

本条作为本次《条例》修订的新增条款，在原《条例》第三条第二款、第三款的基础上，进一步明确了乡镇人民政府、街道办事处在动物防疫工作中负责本辖区的强制免疫工作，流浪犬、猫的控制和处置工作，饲养犬只的防疫管理工作，发生三类动物疫病时的组织防治工作，发现死亡畜禽时的收集、处理并溯源以及其他有关工作。较之原《条例》，对基层的动物防疫管理工作的内容更加细化，把每个具体责任压实到基层，更有助于推动基层动物防疫工作的开展。

原《条例》第三条第二款："乡镇人民政府、街道办事处（社区）应当配备动物防疫管理人员，按照职责组织做好本辖区内的动物防疫工作。"改为："乡镇人民政府、街道办事处根据动物防疫工作需要配备专职动物防疫管理人员。"此处修订主要是因为在《条例》修订调研过程中发现，乡镇动物防疫人员极少并且不稳定问题突出，各级部门都希望在《条例》中对配足配强防疫人员作出规定，以满足实际工作需要，实现有人办事、有人负责。目前，乡镇农业服务中心人员编制不少，也明确1—3人从事畜牧兽医工作，但是由于乡镇总体人少事多，农技人员长时间主要从事其他工作，而呈现严重的兼业现象，因此用法律的形式对专职动物防疫人员进行明确，可以保障基层动物防疫工作需要。

修订依据

《动物防疫法》第八条规定："县级以上人民政府对动物防疫工作实行统一领导，采取有效措施稳定基层机构队伍，加强动物防疫队伍建设，建立健全动物防疫体系，制定并组织实施动物疫病防治规划。

"乡级人民政府、街道办事处组织群众做好本辖区的动物疫病预防与控制工作，村民委员会、居民委员会予以协助。"

第六条 县级以上人民政府农业农村主管部门负责本行政区域内的动物防疫工作。

县级以上人民政府发展改革、财政、公安、卫生健康、林业、市场监管、交通运输、生态环境、商务、城市管理等有关部门在各自职责范围内做好动物防疫工作。

本条是关于动物防疫工作政府相关部门作为责任主体的规定。

原《条例》的第四条拆分为本《条例》的第六条、第七条。本条的修订有两处，第一处是将"兽医主管部门"改为"农业农村主管部门"，第二处是将其他与动物防疫相关的部门名称进行了规范调整。

以上两处修订都是因为新一轮机构改革后，相关机构名称发生了变更，因此在《条例》中提及的相关机构名称也相应变更。一般而言，在防疫工作中，农业农村部门负责牵头开展动物防疫工作；发展改革部门负责支持动物防疫体系建设；财政部门负责组织筹措应由政府负担的疫病防控和应急处置经费；公安部门负责协助开展动物防疫监督执法相关工作；卫生健康部门负责牵头建立人畜共患传染病的协作机制，发生人畜共患传染病时及时通报相关部门，对易感人群进行监测、采取相应预防控制措施；林业部门负责按照职责分工对陆生野生动物的疫病进行监测、预测、预报，定期通报相关部门，发现陆生野生动物染疫（疑似染疫）或者发生人畜共患传染病时，及时通报农业农村部门和卫生健康部门；市场监管部门负责对畜禽肉及肉制品食品生产、销售质量安全实施监督，督促指导活畜禽交易市场、农贸市场开办方开展清洗消毒工作；交通运输部门负责协助开展动物防疫监督执法相关工作；生态环境部门负责组织开展病死畜禽及相关物品无害化处理的选址、环评等工作；商务部门负责突发动物疫情流行期间群众生活必需品的市场供应保障工作；城市管理部门负责餐厨废弃物处置的监督管理工作，推进餐厨废弃物处置设施建设；海关负责做好进出境动物疫病监测预警工作，发现进出境动物、动物产品染疫或者疑似染疫时，及时处置并通报有关部门；网信、民政、科技、银保监、民航管理等其他相关部门按照职责分工做好相关工作。值得一提的是，军队中的动物，包括现役动物和饲养自用动物，尽管具有一定的封闭性，但仍有疫病发生和传播风险，为此上位法要求军队动物卫生监督职能部门应当依据有关规定，对军队现役动物和饲养自用动物的防疫工作负责。

修订依据

《动物防疫法》第九条规定："国务院农业农村主管部门主管全国的动物防疫工作。

"县级以上地方人民政府农业农村主管部门主管本行政区域的动物防疫工作。

"县级以上人民政府其他有关部门在各自职责范围内做好动物防疫工作。

"军队动物卫生监督职能部门负责军队现役动物和饲养自用动物

的防疫工作。"

第七条 县级以上人民政府动物卫生监督机构负责本行政区域内的动物、动物产品检疫工作，并承担动物防疫监督相关事务性、技术性工作。

县级以上人民政府动物疫病预防控制机构承担动物疫病的监测、检测、诊断、流行病学调查、疫情报告、重大疫情风险评估以及其他预防、控制等技术工作；承担动物疫病净化、消灭的技术工作。

县级人民政府农业农村主管部门可以根据动物防疫工作需要，向乡镇或者特定区域派驻兽医机构或者工作人员。

本条与第六条是关于动物防疫工作政府相关部门作为责任主体的规定。

原《条例》的第四条拆分成为本《条例》的第六条、第七条。本条的修订有三处。第一处是新增了县级以上人民政府动物卫生监督机构职能，规定其还应当"承担动物防疫监督相关事务性、技术性工作"。删除了"执法"。做此改动是因为上位法第十一条，以及动物卫生监督机构"三定方案"的规定。按照新的规定，动物卫生监督机构不再承担执法工作，但依据本《条例》第二十六条等规定，其仍负有动物防疫监督职责，需要按照有关规定和行业主管部门的要求承担动物、动物产品检疫，调运监管等常规性行业管理工作。

第二处是将"负责本行政区域内的动物疫病监测和流行病学调查，动物疫病实验室检测、诊断，重大动物疫情风险评估、预警预报及其他预防、控制等技术工作"改为"承担动物疫病的监测、检测、诊断、流行病学调查、疫情报告，重大疫情风险评估以及其他预防、控制等技术工作；承担动物疫病净化、消灭的技术工作"。总的来看，本条款与上位法第十二条第二款相似，但多了"重大疫情风险评估"工作职责，是对原《条例》规定的延续；同时，与原《条例》相比还增加了"承担动物疫病净化、消灭的技术工作"。风险评估是指对动物、动物产品生产经营过程中感染致病微生物及发生传播扩散的可能性进行评估,是提高动物防疫工作科学性、前瞻性的有效支撑。目前,动物疫病预防控制机构实际上已经承担了上述工作,对及时掌握疫病发生风险,根据评估结果及时调整防控政策措施和技术规范发挥了重要作用,因此需要长期坚持和完善。需要强调的是,风险评估涉及农业农村、卫生健康、林业、海关等多个部门,仅仅依靠动物疫病预防控制机构是远远不够的,需要建立完善多部门协作机制,加强沟通协作和措施联动,及时收集、调度、整合各方面信息资源。同时,动物疫病种类较多,不同动物疫病的发生发展情况、传播流行趋势及其对养殖业生产和人类健康的影响差异很大,即使是同一疫病在不同时期和地域范围内的影响也有明显差异,因此需要从客观实际情况出发,综合考虑各方面因素,有针对性、有计划地对特定动物疫病的风险进行评估。

第三处是在第三款将"县级人民政府兽医主管部门"改为"县级人民政府农业农村主管部门",将"派驻动物卫生监督机构"改为"派驻兽医机构或者工作人员"。理由同样是因为机构改革。同时,删除了"负责辖区内动物及动物产品检疫监督工作",这是因为需要对《条例》进行精简,派驻的兽医机构或者工作人员理应负责辖区内动物、动物产品检疫等工作,因此不必赘述。

修订依据

《动物防疫法》第十一条:"县级以上地方人民政府的动物卫生监督机构依照本法规定,负责动物、动物产品的检疫工作。"第十二条第二款规定:"动物疫病预防控制机构承担动物疫病的监测、检测、诊断、流行病学调查、疫情报告以及其他预防、控制等技术工作;承担动物疫病净化、消灭的技术工作。"

第八条　省人民政府组织制定基层动物防疫人才引进、培养以及生活待遇保障等制度，对长期在基层服务的动物防疫人员在聘用以及职称评审、晋升中予以政策倾斜。

本条是对动物防疫的人才引进、保障条款。

本条是原《条例》所没有的条款，设立该条款的初衷是为了保障基层动物防疫人员的待遇问题，激发基层防疫人员工作积极性，确保防疫工作正常开展和防疫队伍总体稳定。基层动物防疫人员长期工作在养殖生产一线，负责开展或指导开展强制免疫、检疫检验、强制扑杀、无害化处理等工作，经常接触染疫和疑似染疫的动物、动物产品，死亡动物，特别是死因不明的动物，以及被污染的场所和设施，存在被动物攻击引发伤残甚至致死，以及感染人畜共患传染病的风险。加之受项目、奖项、论文等条件限制，大部分基层动物防疫人员的专业技术职称停留在中初级，工作积极性总体不高且平均年龄偏大，将来可能会出现断档的情况，基层反映强烈。因此需要对基层动物防疫人员的待遇进行保障和政策倾斜。

修订依据

《动物防疫法》第十四条规定："对在动物防疫工作、相关科学研究、动物疫情扑灭中做出贡献的单位和个人，各级人民政府和有关部门按照国家有关规定给予表彰、奖励。

"有关单位应当依法为动物防疫人员缴纳工伤保险费。对因参与动物防疫工作致病、致残、死亡的人员，按照国家有关规定给予补助或者抚恤。"

《动物防疫法》第八十六条规定："对从事动物疫病预防、检疫、监督检查、现场处理疫情以及在工作中接触动物疫病病原体的人员，有关单位按照国家规定，采取有效的卫生防护、医疗保健措施，给予畜牧兽医医疗卫生津贴等相关待遇。"

第九条　鼓励和引导相关科研院校、动物诊疗机构以及其他企事业单位、社会组织等开展动物防疫社会化服务。

鼓励和支持社会资本参与动物防疫基础设施建设。

鼓励和支持大型的动物饲养场建立生物安全隔离区。

鼓励和支持饲养动物的单位和个人参加养殖业保险。

本条是动物防疫的鼓励指引条款。

本条修订共有两处。第一处是将第一款中"动物防疫企业和组织"改为"相关科研院校、动物诊疗机构以及其他企事业单位、社会组织等"，主要是结合贵州现有动物防疫社会化服务组织的几大类型，对动物防疫企业和组织进行了一一列举细化，鼓励以上企业和组织履行社会责任，把动物防疫社会化服务深入推进，这有助于提高防疫服务的效率和质量，推动落实生产经营者的防疫责任，有效弥补防疫公共服务资源偏弱、覆盖面有限的短板，推动形成全社会关心、理解、支持防疫工作的良好氛围。

第二处是在第三款中将"大型动物饲养场"改为"大型的动物饲养场"，作此修订是因为"大型动物饲养场"有歧义，可以理解为大型动物的饲养场，而大型动物一般指体型巨大的动物；还可以理解为大型的动物饲养场。此处的意思是指规模较大的饲养场，为了避免歧义，作出以上修订。

修订依据

《动物防疫法》第十三条规定："国家鼓励和支持开展动物疫病的科学研究以及国际合作与交流，推广先进适用的科学研究成果，提高动物疫病防治的科学技术水平。

"各级人民政府和有关部门、新闻媒体，应当加强对动物防疫法律法规和动物防疫知识的宣传。"

第二章　动物疫病的预防、控制、净化和消灭

　　本章共十条，对动物疫病强制免疫，动物疫病监测，乳用、种用动物疫病检测，犬的饲养管理，养殖经营主体动物防疫责任落实，人畜共患传染病联防联控，动物疫情应急处置，动物疫情信息发布等作了规定。

　　第十条　对严重危害养殖业生产和人体健康的动物疫病实施强制免疫。

　　省人民政府农业农村主管部门根据国家动物疫病强制免疫计划，制定全省动物疫病强制免疫计划，报省人民政府批准后执行，并报国务院农业农村主管部门备案。

　　市州、县级人民政府农业农村主管部门根据省动物疫病强制免疫计划，制定和实施本行政区域的强制免疫实施方案。

　　乡镇人民政府、街道办事处组织本辖区内饲养动物的单位和个人做好强制免疫、消毒、畜禽标识加施等工作，协助做好监督检查；村民委员会、居民委员会协助做好相关工作。

　　本条是动物防疫中关于强制免疫的规定。

　　原《条例》的第六条、第七条合并为本《条例》的第十条。本条共有五处重要修订。第一处是将"动物疫病的预防依法实行强制免疫"改为"对严重危害养殖业生产和人体健康的动物疫病实施强制免疫"。此处修订对实施强制免疫的动物疫病范围进行了进一步明确，强调不是对所有的动物疫病都要实施强制免疫，而是根据动物疫病对养殖业

生产和人类健康的危害程度、流行区域、发展趋势以及有无安全有效的疫苗、免疫对净化和消灭的影响等，综合评估确定强制免疫病种，因此强制免疫病种是相对固定但又需要适时调整的，比如近些年贵州省级实施动物疫病强制免疫的病种为高致病性禽流感、口蹄疫、小反刍兽疫、动物狂犬病和猪瘟，相较国家层面明确的强制免疫病种增加了动物狂犬病和猪瘟。另外，强制免疫存在只在局部地区实施的情况，因为每个地区的动物饲养规模、方式、密度、疫病状况等各有不同，对评估无疫病风险或风险较小以及实现疫病净化的地区或场所，经省人民政府农业农村主管部门同意后可按规定不实施强制免疫；对经评估有较高疫病风险的地区或场所，经省人民政府农业农村主管部门同意后也可由相关单位自行实施局部免疫，但不作为省级组织实施的强制免疫，例如目前对布鲁氏菌病的免疫仅允许在部分按规定批准的养殖场以场群为单位进行免疫。

第二处是删除了"追溯管理"的表述，这一修订主要是基于强制免疫和追溯管理分属两个不同的领域，强制免疫属于具体措施，追溯管理则需要具体措施作为支撑，所以上位法专门在第十七条作了具体规定。

第三处是将"省人民政府兽医主管部门根据国家动物疫病强制免疫计划，制定本行政区域的动物疫病强制免疫计划"改为"省人民政府农业农村主管部门根据国家动物疫病强制免疫计划，制定全省动物疫病强制免疫计划，报省人民政府批准后执行，并报国务院农业农村主管部门备案"，其中的"兽医主管部门"被改为"农业农村主管部门"，主要是依据政府机构改革进行的修订，相关的机构名称发生了变更，因此《条例》中相关机构的名称也应进行相应的变更。本条还增加了"报省人民政府批准后执行，并报国务院农业农村主管部门备案"的表述，更能确保强制免疫计划的科学性、合理性。但鉴于强制免疫病种在一段时期内是固定不变的，为了精简文件、提高工作效率,编者认为省人民政府农业农村主管部门可根据实际情况,制定中长期(如3—5年甚至更长时间)动物疫病强制免疫计划,一次报省人民政府批准后实施(如2022年出台的《贵州省动物疫病强制免疫计划(2022—2025年)》《贵州省畜间布鲁氏菌病防控五年行动方案(2022—2026年)》等政策文件),但若当年根据国家要求和省情实际需要增加或减少强制免疫病种的,须及时报批。

第四处是将"市州、县级人民政府兽医主管部门根据省动物疫病强制免疫计划"改为"市州、县级人民政府农业农村主管部门根据省动物疫病强制免疫计划",这一修订也是将关于"兽医主管部门"的表述改为"农业农村主管部门"。

第五处是将"乡镇人民政府、街道办事处(社区)负责组织本辖区内饲养动物的单位和个人做好强制免疫、消毒、畜禽标识加施等工作"改为"乡镇人民政府、街道办事处组织本辖区内饲养动物的单位和个人做好强制免疫、消毒、畜禽标识加施等工作"。其中的"负责组织"被改为"组织";同时增加了"协助做好监督检查,村民委员会、居民委员会协助做好相关工作"的表述。这两处修订是基于动物防疫工作现实需要,及时将现行政策文件要求转化为法律规定。条文表述更加清晰完整,进一步压实了各级政府动物防疫属地管理责任,明确了各级政府在稳机构、建队伍、强能力方面的法定职责,为夯实防疫基础、巩固防疫能力提供了更为有力的法律保障。同时,此处修订也明确基层群众自治组织在动物防疫工作中的责任,推动村委会、居委会在预防、控制措施落实以及强制免疫工作环节发挥积极作用。

一、责任主体

本条回答了需要进行强制免疫的动物疫病范围,同时也对省、市州、县、乡等各级政府关于动物疫病强制免疫的相关职责进行了详细规定,明确政府部门和基层组织在动物疫病强制免疫工作中的职责,有利于构建上下贯通、共同参与、各负其责的动物疫病强制免疫工作机制和职责体系。

二、修订依据

《动物防疫法》第十六条规定:"国家对严重危害养殖业生产和人体健康的动物疫病实施强制免疫。

"国务院农业农村主管部门确定强制免疫的动物疫病病种和区域。

"省、自治区、直辖市人民政府农业农村主管部门制定本行政区域的强制免疫计划;根据本行政区域动物疫病流行情况增加实施强制免疫的动物疫病病种和区域,报本级人民政府批准后执行,并报国务院农业农村主管部门备案。"

第十八条第二款规定:"乡级人民政府、街道办事处组织本辖区饲养动物的单位和个人做好强制免疫,协助做好监督检查;村民委员会、居民委员会协助做好相关工作。"

第十一条 省人民政府农业农村主管部门制定全省动物疫病监测和流行病学调查计划。

市州、县级人民政府农业农村主管部门根据省动物疫病监测和流行病学调查计划,制定和实施本行政区域的动物疫病监测和流行病学调查方案。

动物疫病预防控制机构按照规定和动物疫病监测计划对动物疫病的发生、流行等情况进行监测和调查,从事动物饲养、屠宰、经营、隔离、运输以及动物产品生产、经营、加工、贮藏、无害化处理等活动的单位和个人不得拒绝或者阻碍。

本条是关于动物疫病监测和流行病学调查的规定。

本条的修订有三处。第一处是将原《条例》中"兽医主管部门"改为"农业农村主管部门",原因在前文已经解释过,在此不再赘述。

第二处是将原《条例》中"动物疫病预防控制机构按照县级以上人民政府兽医主管部门的规定"改为"动物疫病预防控制机构按照规

定和动物疫病监测计划"。这一变动主要是随动物疫病预防控制机构行为依据的变化而作出的,要求动物疫病预防控制机构综合各方面因素,按照主动监测与被动监测相结合、疫病监测与流行病学调查相结合、调查监测与区域化管理相结合、病原监测与抗体监测相结合的原则,在重点区域、场所、环节,持续、科学开展主要动物疫病监测工作,赋予了动物疫病预防控制机构更多自主权,同时也对动物疫病预防控制机构规范、及时、有效开展工作提出了更高要求。

第三处是将原《条例》中"从事动物饲养、屠宰、经营、隔离、运输以及动物产品生产、经营、加工、贮藏等活动的单位和个人不得拒绝或者阻碍"改为"从事动物饲养、屠宰、经营、隔离、运输以及动物产品生产、经营、加工、贮藏、无害化处理等活动的单位和个人不得拒绝或者阻碍",与原《条例》相比增加了"无害化处理"的表述。此处修订是依据上位法第十九条第四款作出的修订,主要原因是近年来一些地方相继建成了病死畜禽集中无害化处理场,专职处理病死畜禽等,其已成为动物防疫的重要一环。将这类场所纳入管理,有助于确保动物疫病预防控制机构的监测与调查行为顺利实施,监测与调查对象更全面,结果更准确。此处修订后,《条例》进一步细化、明确了从业者应当承担的动物防疫义务,较为全面地规定了主体责任,动物防疫责任体系更加健全。从动物疫病的监测范围来看,动物疫病监测工作覆盖了动物防疫的全部过程和所有环节。

一、责任主体

本条对省、市州、县等各级人民政府农业农村主管部门关于动物疫病监测以及流行病学调查计划的职权进行了相关规定,并且本条也对动物疫病预防控制机构的相关职权进行了规定。县级以上人民政府农业农村主管部门依照上级动物疫病监测和流行病学调查计划,再结合本地区的动物养殖情况、动物疫病流行特点、本地区地理环境特征和动物流通模式等因素开展规范、科学的监测与调查。

二、修订依据

《动物防疫法》第十九条第三款、第四款规定："国务院农业农村主管部门会同国务院有关部门制定国家动物疫病监测计划。省、自治区、直辖市人民政府农业农村主管部门根据国家动物疫病监测计划，制定本行政区域的动物疫病监测计划。

"动物疫病预防控制机构按照国务院农业农村主管部门的规定和动物疫病监测计划，对动物疫病的发生、流行等情况进行监测；从事动物饲养、屠宰、经营、隔离、运输以及动物产品生产、经营、加工、贮藏、无害化处理等活动的单位和个人不得拒绝或者阻碍。"

第十二条　动物饲养场应当按照规定自行实施免疫、疫病检测等动物疫病预防工作，并定期向所在地县级人民政府动物疫病预防控制机构报告。

饲养动物的个人，不具备自行实施动物免疫条件的，应当主动配合乡镇人民政府、街道办事处做好集中强制免疫措施和疫病检测等动物疫病预防工作。

本条是关于动物饲养场和饲养动物的个人如何实施免疫、疫病检测的规定。

与原《条例》相比，本条的修订有五处。第一处是将原《条例》中"动物饲养场、养殖小区应当建立动物防疫制度"改成"动物饲养场应当按照规定自行实施免疫、疫病检测等动物疫病预防工作"。与原《条例》相比删除了"养殖小区"。养殖小区是我国养殖业在发展过程中形成的一种特殊形式，它是引导农村地区畜禽散养向集中规模养殖转变的过渡产物，其经营模式也不尽相同，有一个主体投资兴建的，也有政府投资兴建的，还有农户共同出资兴建、共同使用的。另外，由于养殖小区是多个主体共用的养殖场所，养殖主体多元，其防疫意识和防疫管理水平与规模养殖存在差距，大多数不具备自行实施免疫、疫病检测的能力。同时,上位法以及新修订的《中华人民共和国畜牧法》已无养殖小区提法,故本条删除了"养殖小区"。

第二处是原《条例》的"应当建立动物防疫制度"被删除。此处修订是因为该内容调整到了第十五条。

第三处是将原《条例》中"自行实施免疫、疫病检测和净化等动物疫病预防工作"改成了"自行实施免疫、疫病检测等动物疫病预防工作",与原《条例》相比删除了关于"净化"的表达。国家对动物饲养者为所饲养的动物进行疫病净化持鼓励和支持的态度。因为不是所有的动物饲养场都具备开展动物疫病净化工作的条件,这里所提的净化是指自愿开展净化,是指在规划外进行自行净化。具备条件且自愿参与的动物饲养单位和个人,可以向动物疫病预防控制机构申请对其所饲养的动物进行净化效果检测和根据行业主管部门的要求对所饲养动物组织开展评估工作。此处修订主要体现为对动物疫病预防工作的表达更为规范化。

第四处是原《条例》中的"配备兽医人员"被删除。此处修订,一是因为对兽医人员无明确界定,一般情况下,执业兽医、乡村兽医和政府部门防疫人员均可称为兽医人员;二是并非所有的动物饲养场均需配备兽医人员,因为饲养场落实防疫措施可以通过购买第三方服务来实现。

第五处是本《条例》增加了"饲养动物的个人,不具备自行实施动物免疫条件的,应当主动配合乡镇人民政府、街道办事处做好集中强制免疫措施和疫病检测等动物疫病预防工作"。这一修订主要是针对饲养动物的个人进行的相关规定,体现了《条例》的进一步细化。对所饲养的动物进行动物疫病强制免疫是每一个养殖者应当履行的法定义务。由于动物疫病强制免疫具有强制性的特点,动物养殖者不依法履行动物的强制免疫义务就应当承担相应法律责任。《动物防疫法》对为动物实施免疫接种的主体进行了明确,即由动物的饲养单位和个人按照相关规定对动物实行免疫接种，这一规定进一步压实了养殖者的主体责任。但具体到动物免疫工作的实施方式，动物的饲养单位和个人既可以采取自行实施的方式，也可以采取购买社会化服务的方式实施。

修订依据

《动物防疫法》第十八条第一款、第二款规定："县级以上地方人民政府农业农村主管部门负责组织实施动物疫病强制免疫计划，并对饲养动物的单位和个人履行强制免疫义务的情况进行监督检查。

"乡级人民政府、街道办事处组织本辖区饲养动物的单位和个人做好强制免疫，协助做好监督检查；村民委员会、居民委员会协助做好相关工作。"

第十三条 种用、乳用动物应当符合国家规定的健康标准。

饲养种用、乳用动物的单位和个人，应当定期开展动物疫病和人畜共患传染病检测；不具备检测条件的，应当委托具备资质的机构进行检测。饲养种用、乳用动物的单位和个人应当定期向所在地县级人民政府动物疫病预防控制机构报告检测情况。

经监测或者检测的种用、乳用动物不合格的，应当按照国家有关规定予以处理。

本条是关于种用、乳用动物健康标准的相关规定。

本条主要有四处修订。第一处是将原《条例》中"用于生产、经营的种用和乳用动物应当达到国家规定的健康标准"改为"种用、乳用动物应当符合国家规定的健康标准"，删除了"用于生产、经营的"表述，本修改扩大了对种用和乳用动物规定的范围，将《条例》第三条提及动物中所有的种用和乳用动物都纳入了动物疫病预防检测范围。另外，将原文的"达到"改为"符合"，使得用语更为规范化。种畜禽和乳用动物的饲养较为特殊，饲养时间长，对养殖业生产以及人体健康都有着很大的影响。种用、乳用动物一旦感染，就存在长期传播病原的风险，既可以水平传播，也可以垂直传播，严重影响动物生长和生产性能，尤其是在其感染人畜共患传染病后，如果处置不当，病原由动物向人传播的风险较大，给相关从业人员带来极大的风险，危害公共卫生安全。实践证明，对种用、乳用动物实施严格管理，保证其健康，是一项从源头控制动物疫病的有力措施，是有效净化，甚至消灭当地动物疫病的重要手段。严格的种用、乳用动物健康管理，将对整个动物防疫工作起到事半功倍的作用。因此，制定并严格落实种用、乳用动物健康标准极为重要。

第二处是将原《条例》中"具备检测条件的动物饲养场"改为"饲养种用、乳用动物的单位和个人"。此处修订主要是为了与上位法保持一致，将"饲养场"改为"单位和个人"，将责任直接明确到了养殖者，表明对种用、乳用动物开展动物疫病和人畜共患传染病检测是一项强制性工作，有条件的要开展，不具备条件的也要创造条件开展。

第三处是将原《条例》中"应当定期对饲养动物开展重大动物疫病和人畜共患传染病检测"改为"应当定期开展动物疫病和人畜共患传染病检测"。此处删除了"饲养动物"，原《条例》中关于"饲养动物"的表述，使动物疫病和人畜共患传染病的检测范围显得狭窄，删除"饲养动物"后，其检测对象的范围更为宽泛，表述也更为恰当。此外，本条将"重大动物疫病"改为"动物疫病"，这也体现出检测范围的扩大，体现出法律对于动物疫病检测的重视，为后期行业主管部门制定临时性政策提供了依据。动物疫病检测是对动物疫病进行防治的一项重要技术手段，是预防、控制、净化、消灭动物疫病的基础性工作。只有对动物进行长期的、连续的、科学的疫病检测，才能够第一时间掌握动物疫病发生的状况和流行趋势，更好把握疫情动态，及时消除隐患。因此动物疫病检测工作实现了对动物疫情的预警、预报，为后续制定完善防控政策措施以及有效控制、净化、消灭动物疫病提供了科学的依据。

第四处是将原《条例》中"禁止经营未经结核病和布鲁氏菌病检测或者检测不合格的乳用动物及其产品"改为"经监测或者检测的种用、乳用动物不合格的，应当按照国家有关规定予以处理"。此处变动，一是为了与上位法第二十三条规定"检测不合格的，应当按照国家有关规定处理"保持一致；二是为了与本条第二款对动物疫病类别的规定保持一致。

修订依据

《动物防疫法》第十九条第四款规定："动物疫病预防控制机构按照国务院农业农村主管部门的规定和动物疫病监测计划，对动物疫病的发生、流行等情况进行监测；从事动物饲养、屠宰、经营、隔离、运输以及动物产品生产、经营、加工、贮藏、无害化处理等活动的单位和个人不得拒绝或者阻碍。"

第二十三条规定："种用、乳用动物应当符合国务院农业农村主管部门规定的健康标准。

"饲养种用、乳用动物的单位和个人，应当按照国务院农业农村主管部门的要求，定期开展动物疫病检测；检测不合格的，应当按照国家有关规定处理。"

第十四条 对饲养的犬只实行狂犬病强制免疫。饲养人应当定期携带犬只到所在地的动物疫病预防控制机构、动物诊疗机构或者乡镇人民政府指定的地点注射兽用狂犬疫苗，领取免疫证明。免疫证明由省人民政府农业农村主管部门监制。

饲养人凭免疫证明向所在地养犬登记机关申请登记，并领取犬牌。养犬登记机关由县级人民政府指定。

动物疫病预防控制机构、动物诊疗机构应当建立犬只免疫档案，鼓励有条件的市州运用大数据对免疫档案进行管理。

携带犬只出户的，应当按照规定为犬只佩戴犬牌并采取系犬绳等措施，防止犬只伤人、疫病传播。

本条是关于饲养的犬只进行狂犬病强制免疫的相关规定。

本条一共有五处修订。第一处将"对在城乡饲养的犬实行狂犬病强制免疫"改为"对饲养的犬只实行狂犬病强制免疫"。与原《条例》相比删除了"在城乡"。2019年出台的《贵州省城市养犬管理规定》，其适用范围是"本省范围内的市（州）、县（市、区）人民政府所在地城镇区域内的养犬行为及其管理工作"，并将狂犬病纳入强制免疫范围。同时，结合原《条例》中规定的城乡饲养的犬，故删除了"城乡"这一地域限制，即全省范围内饲养的犬只均需实行狂犬病强制免疫。这一修订也能避免对"城乡"所指范围的争议。

第二处是增加了"免疫证明由省人民政府农业农村主管部门监制"。这一修订主要是因为目前国家和省级层面没有在相关的法律、法规、规章和规范性文件上对此进行规定。各地在工作中存在职责交叉，互相推卸责任等问题，因此本条参考了《北京市动物防疫条例》第二十二条第三款"犬只接受狂犬病强制免疫接种的，取得狂犬病免疫证明、标识。狂犬病免疫标识由市兽医主管部门监制"。

第三处是增加了"饲养人凭免疫证明向所在地养犬登记机关申请登记，并领取犬牌。养犬登记机关由县级人民政府指定"。这一修订也体现出对犬只饲养的规范化。目前，北京、广东、浙江等地对养犬登记机关作了明确，一般为公安部门。2021年，贵州省贵阳市修订出台的《贵阳市城镇养犬规定》第八条规定："养犬人应当向所在地公安派出所办理养犬登记。公安派出所应当及时办理养犬登记，发给犬牌，并且建立档案。"

第四处是增加了"动物疫病预防控制机构、动物诊疗机构应当建立犬只免疫档案，鼓励有条件的市州运用大数据对免疫档案进行管理"。此处修订是为了使强制免疫制度更为规范化，使每只动物个体都有档案可查,有数据可依,最终促使动物疫病强制免疫的工作质量得到提升。关于免疫档案,一般至少应载明犬主、犬只种类、疫苗批号、免疫接种时间、免疫操作人员等基本信息。

第五处是将"饲养人不得携带未经免疫的犬在户外活动"改为"携带犬只出户的,应当按照规定为犬只佩戴犬牌并采取系犬绳等措施,防止犬只伤人、疫病传播"。本处修订关于佩戴犬牌、系犬绳等规定,更多的是体现对文明养犬行为的一种提倡。犬是狂犬病病毒主要的宿主,狂犬病作为一种急性致死性人畜共患传染病,病死率高达100%。近年来,遛狗不拴绳等不文明养犬行为多次引发社会热议,有时甚至给人民群众造成人身及财产的损害。为了减少这类损害,本《条例》对犬主携带犬只出门时,应当为犬佩戴犬牌、系犬绳并牵领作了明确规定,以确保户外活动期间,犬只得到有效的控制。这一规定不仅可以使饲养犬与染疫犬、流浪犬以及携带狂犬病病毒的野生动物的接触机会大幅减少,也能够在很大程度上防止犬只伤人。同时,该规定也会在一定程度上减少走失犬、流浪犬的数量。

一、责任主体

本条主要规定饲养的犬只要实行强制免疫。同时也规定了饲养人为犬只办理免疫证明,建立免疫档案,以及携犬出户的相关内容。

二、修订依据

《动物防疫法》第三十条规定:"单位和个人饲养犬只,应当按照规定定期免疫接种狂犬病疫苗,凭动物诊疗机构出具的免疫证明向所在地养犬登记机关申请登记。

"携带犬只出户的,应当按照规定佩戴犬牌并采取系犬绳等措施,防止犬只伤人、疫病传播。

"街道办事处、乡级人民政府组织协调居民委员会、村民委员会,做好本辖区流浪犬、猫的控制和处置,防止疫病传播。

"县级人民政府和乡级人民政府、街道办事处应当结合本地实际,做好农村地区饲养犬只的防疫管理工作。

"饲养犬只防疫管理的具体办法，由省、自治区、直辖市制定。"

第十五条 动物饲养场、活畜禽交易市场、动物隔离场、动物诊疗机构、屠宰厂（场、点）以及动物产品加工场所等应当建立健全动物防疫制度，配备清洗消毒设施设备，对场地、设施设备以及交通工具进行清洗、消毒。

活畜禽交易市场的开办者应当制定并实行定期清洗、消毒制度，按照有关规定对市场进行每日清洗、每周消毒。

活畜禽交易市场的开办者应当建立清洗、消毒档案，保存期限不得少于 1 年。

本条是关于动物饲养场、活畜禽交易市场、动物隔离场、动物诊疗机构、屠宰厂（场、点）以及动物产品加工等场所动物防疫制度的规定。

本条与原文相比一共有三处修订。第一处是将原《条例》中"活畜禽交易市场（交易点）"改为"活畜禽交易市场"，删除了"交易点"的表述，主要是因为"活畜禽交易点"表述不准确，容易引起歧义，把在某些特定地点自发形成的、临时的、无开办主体的活畜禽交易点理解为"活畜禽交易点"，并且工作实际中对"交易点"也无明确定义，不利于监督执法。

第二处是将原《条例》中"活畜禽交易市场（交易点）的开办者应当制定并实行定期休市、消毒制度，按照有关规定对市场（交易点）进行每日清洗、每周消毒，每月至少休市 1 日"改为"活畜禽交易市场的开办者应当制定并实行定期清洗、消毒制度，按照有关规定对市场进行每日清洗、每周消毒"。与原《条例》相比"定期休市"改为"定期清洗"，同时删除了"每月至少休市 1 日"的规定。此处修订在法律法规层面对活畜禽交易市场是否要休市不再作强制要求，更利于法规的贯彻落实。

　　第三处是增加了"活畜禽交易市场的开办者应当建立清洗、消毒档案，保存期限不得少于 1 年"的规定。这一修订将进一步规范活畜禽交易市场的清洗、消毒工作，促使工作的制度化、秩序化，明确开办者要建立清洗、消毒制度，同时对档案保存时间进行明确要求。这样，既有利于相关职能部门对活畜禽交易市场开展监督管理等工作，又也有利于动物疫病监测和流行病学调查等工作。

　　活畜禽交易市场具有人畜混居、人员流动频繁、畜禽来源广泛等特点，是非洲猪瘟、高致病性禽流感等动物疫病的滋生地和疫源地，因此备受社会关注，同时，也是动物疫病防控的重点和难点。现行法律法规和部门规章虽然未要求活畜禽交易市场需要申办《动物防疫条件合格证》，但明确要求市场应当具备国务院农业农村主管部门规定的动物防疫条件，并接受农业农村主管部门的监督检查。因此，活畜禽交易市场的防疫工作不应该被忽视，对不符合防疫条件或存在违法违规行为的市场也应当依法予以处罚。

　　第十六条　县级以上人民政府农业农村、卫生健康和野生动物保护等主管部门应当建立人畜共患传染病联防联控机制，对易感动物和易感人群进行人畜共患传染病监测，定期通报监测结果；发生人畜共患传染病时，应当及时通报相关信息，并按照各自职责采取相应防控措施。

　　野生动物保护主管部门按照职责分工做好野生动物疫源疫病监测等工作，并定期互通情况，紧急情况及时上报。

　　本条是关于县级以上人民政府农业农村、卫生健康和野生动物保护等主管部门联动建立人畜共患传染病联防联控机制的相关规定。

　　本条与原《条例》相比主要有两处修订。第一处是将原《条例》中"兽医主管部门和卫生计生主管部门"改为"农业农村、卫生健康和野生动物保护等主管部门"。这一修订主要是因为机构改革后部分机构名称发生了变更。

第二处是增加了"野生动物保护主管部门按照职责分工做好野生动物疫源疫病监测等工作，并定期互通情况，紧急情况及时上报"的表述。及时上报动物疫情的情况，可以帮助上级机关第一时间掌握疫情动态，从而制定最为合理的紧急预防控制措施。而涉及重大动物疫情暴发情况时，及时按规定上报动物疫情信息，对于制定合理的紧急处置措施就显得更为重要了。此处修订是为了增加有关部门之间的交流合作，使动物疫病监测的整体效率进一步提升。

这一条是关于建立人畜共患传染病联防联控机制的规定。不同的相关部门分别承担着不同的工作职能，无论哪一部门发现了人畜共患传染病，都应当及时和其他相关部门互通情况，促进相关部门统筹行动。这样可以在第一时间采取有效措施来防止疫情的扩散和蔓延，将疫病的风险和危害在最短时间内降到最低。因此本条规定对于降低人畜共患传染病暴发后所造成的损害有着极为重要的作用。就目前来看，部门协作的内容主要有五个方面：一是卫生健康部门牵头建立人畜共患传染病联防联控机制，定期召开联席会议；二是部门间定期通报人畜共患传染病的人间和畜间疫情，发生暴发疫情时第一时间通报；三是相关部门按照职责分工分别组织开展人畜共患传染病监测检测，互相通报监测检测结果；四是建立人畜共患传染病防治专家库，定期交流讨论专业问题；五是联合开展人畜共患传染病防治技术研究。下一步的重点，应该在现有基础上，着力加强农业农村主管部门与卫生健康、林业和海关部门之间的联防协作，完善工作机制，强化信息沟通，推进全链条防控。

修订依据

《动物防疫法》第十条第一款规定："县级以上人民政府卫生健康主管部门和本级人民政府农业农村、野生动物保护等主管部门应当建立人畜共患传染病防治的协作机制。"

第十七条 发生重大动物疫情时，县级以上人民政府应当依照法律和国务院的规定以及应急预案，采取封锁、扑杀、消毒、隔离、销毁、紧急免疫接种、无害化处理等措施，并做好动物产品市场监管等工作。

乡镇人民政府、街道办事处应当协助做好疫情处置工作。

重大动物疫情处置完毕后，县级以上人民政府农业农村主管部门应当组织有关专家进行疫情风险评估和损失评估，生态环境主管部门应当进行环境风险评估。对在动物疫病预防、控制、净化、消灭过程中强制扑杀的动物、销毁的动物产品和相关物品，县级以上人民政府按照国家有关规定给予合理补偿。

本条是关于发生重大动物疫情时县、乡两级政府应当采取什么措施的规定。

相比原《条例》，本条一共有四处修订。第一处是将原《条例》中"县级以上人民政府应当根据应急预案"改为"县级以上人民政府应当依照法律和国务院的规定以及应急预案"。与原《条例》相比，丰富了县级以上人民政府处置重大动物疫情的政策依据，即增加了"法律和国务院的规定"。由于动物疫情的传播具有易传播、易扩散等特点，且并非所有的重大动物疫情均有其配套的应急预案，根据《重大动物疫情应急条例》等规定，又需要按照"早、快、严、小"的要求及时处置，所以有必要丰富疫情处置的政策来源。

第二处、第三处是将原《条例》中"县级以上人民政府兽医主管部门"改为"县级以上人民政府农业农村主管部门"；"环境保护主管部门"改为"生态环境主管部门"。这两处修订也是由于机构改革后部分机构名称发生了变更。

第四处是增加了"对在动物疫病预防、控制、净化、消灭过程中强制扑杀的动物、销毁的动物产品和相关物品,县级以上人民政府按照国家有关规定给予合理补偿"的规定。此处是关于补偿的规定,有利于提高动物饲养者对扑杀、销毁染疫动物的积极性,有利于在发生重大动物疫情时,及时控制疫情传播扩散。同时,给予动物饲养者补偿,也有利于减少其损失,增强其继续从事动物饲养工作的信心。2016 年,农业部联合财政部印发了《关于调整完善动物疫病防控支持政策的通知》,明确"国家继续对口蹄疫、高致病性禽流感和小反刍兽疫实施强制免疫和强制扑杀。在布病重疫区省份(一类地区)将布病纳入强制免疫范围,将布病、结核病强制扑杀的畜种范围由奶牛扩大到所有牛和羊。将马鼻疽、马传贫纳入强制扑杀范围。包虫病重疫区省份将包虫病纳入强制免疫和强制扑杀范围"。具体的补助标准是:"猪 800 元 / 头,奶牛 6000 元 / 头,肉牛 3000 元 / 头,羊 500 元 / 只,禽 15 元 / 羽,马 12000 元 / 匹,其他畜禽扑杀补助标准参照执行。中央财政对东中西部地区补助比例分别为 40%、60%、80%。各地可根据畜禽大小、品种等因素细化补助标准。"

本条对发生重大动物疫情时,县级以上人民政府应当如何采取措施,以及乡级政府、街道办事处应当如何协助做好疫情处置工作,作了详细回答。由于重大动物疫情具有传播性强、传播速度快、蔓延扩散风险高、应急处置难度大等特点,为及时对动物疫情进行控制,赋予地方政府在面临重大动物疫情时采取紧急措施的自主权就很有必要。

修订依据

《动物防疫法》第三十八条规定:"发生一类动物疫病时,应当采取下列控制措施:

"(一)所在地县级以上地方人民政府农业农村主管部门应当立即派人到现场,划定疫点、疫区、受威胁区,调查疫源,及时报请本级人民政府对疫区实行封锁。疫区范围涉及两个以上行政区域的,由有关行政区域共同的上一级人民政府对疫区实行封锁，或者由各有关行政区域的上一级人民政府共同对疫区实行封锁。必要时，上级人民政府可以责成下级人民政府对疫区实行封锁；

"（二）县级以上地方人民政府应当立即组织有关部门和单位采取封锁、隔离、扑杀、销毁、消毒、无害化处理、紧急免疫接种等强制性措施。"

第四十七条规定："发生重大动物疫情时，依照法律和国务院的规定以及应急预案采取应急处置措施。"

第十八条　省人民政府农业农村主管部门统一管理本省动物疫情信息，并根据国务院农业农村主管部门授权，公布本省动物疫情。其他单位和个人不得发布动物疫情。

本条是关于本省动物疫情信息如何公布的规定。

本条与原《条例》相比一共有两处修订。第一处是将原《条例》中"省人民政府兽医主管部门"改为"省人民政府农业农村主管部门"；第二处是将原《条例》中"国务院兽医主管部门"改为"国务院农业农村主管部门"。这两处修订也是因为机构改革后部分单位名称发生了变更。

本条对动物疫情信息的管理和公布主体进行了明确。同时，本条规定也从法律层面上限制了其他单位和个人发布动物疫情信息的权利。动物疫情信息事关养殖业健康发展与公共卫生安全，属于重要的公共信息，因此它应当由政府公布，这也是国际社会的惯例。并且由于我国公民享有知情权，保障公众的动物疫情知情权有助于在社会层面加强对动物疫情的防控，因此把握动物疫情信息公布的及时、高效显得十分重要。国务院农业农村主管部门是动物疫情信息的公布单位，同时，国务院农业农村主管部门可以根据实际情况赋予省级人民政府农业农村主管部门对其行政区域内动物疫情信息进行公布的权利。如农业农村部 2021 年印发的《非洲猪瘟疫情应急实施方案》，明确"农业农村部按规定报告和通报疫情后，由疫情所在地省级人民政府农业农村（畜牧兽医）主管部门发布疫情信息"。而除上述部门以外，其他任何单位和个人都不得对动物疫情信息进行发布，擅自发布动物疫情将承担相应的法律责任。其他政府部门、新闻媒体、科研机构、大专院校等单位获取有关动物疫情信息后，应立即向当地县级人民政府农业农村主管部门或者动物疫病预防控制机构报告。

修订依据

《动物防疫法》第三十六条规定："国务院农业农村主管部门向社会及时公布全国动物疫情，也可以根据需要授权省、自治区、直辖市人民政府农业农村主管部门公布本行政区域的动物疫情。其他单位和个人不得发布动物疫情。"

第十九条　强制免疫后的动物，因发生疫情被强制扑杀的，按照国家有关规定给予补偿；因饲养者逃避、拒绝强制免疫或者未按照规定调运动物引发动物疫情的，动物被强制扑杀的损失以及处理费用，由饲养者承担。

本条是关于强制扑杀实施强制免疫后的动物，给动物饲养者进行补偿的规定。

本条与原《条例》相比较，并未作出修订。目前，在国家层面已经对高致病性禽流感、口蹄疫、小反刍兽疫、布鲁氏菌病、结核病等部分重大动物疫病的强制扑杀的畜禽种类、补偿标准、补偿程序等作了规定。各地可在国家规定基础上，结合地方实际，根据畜禽大小、品种等因素细化补偿标准，也可提高补偿标准、扩大补偿畜禽种类、缩短补偿经费支付周期等。

本条明确规定了动物实施强制免疫后，因发生疫情而被强制扑杀的，动物饲养者可以获得一定的补偿。这在一定程度上可以提高动物饲养者对所饲养的动物实施强制免疫的积极性。且本条也对由于动物饲养者的原因引发动物疫情的，其后续的处理费用由动物饲养者承担进行了规定，这在一定程度上能促使动物饲养者严格遵照法律从事动物养殖、调运等活动，减少动物疫情暴发几率。

修订依据

《动物防疫法》第八十五条规定："对在动物疫病预防、控制、净化、消灭过程中强制扑杀的动物、销毁的动物产品和相关物品，县级以上人民政府给予补偿。具体补偿标准和办法由国务院财政部门会同有关部门制定。"

第三章 动物和动物产品的检疫监督

本章共九条，对动物、动物产品产地检疫和屠宰检疫，入省或过境动物运输指定通道管理，屠宰、交易等场所，动物、动物产品入场查验管理等作了规定。

第二十条 动物卫生监督机构负责对动物和动物产品实施检疫，实施检疫的人员应当为官方兽医。

动物卫生监督机构的官方兽医在执行动物防疫、检查任务时，应当出示工作证件。

本条是动物、动物产品实施检疫的人员规定。

本条修订有两处。第一处是将"监督检查任务"调整为"检查任务"，第二处是将"应当穿着工作服装，佩带统一标志，出示行政执法证件"改为"应当出示工作证件"。作此修订，一方面是根据上位法第十一条和本《条例》第七条关于动物卫生监督机构的职能定位作出的调整，另一方面是因为现有法律法规和政策文件未明确要求官方兽医开展工作时必须穿着工作服装和佩戴统一标志。

本条规定了负责对动物、动物产品进行检疫的人员为官方兽医。根据《动物检疫管理办法》的规定，动物卫生监督机构接到货主的检疫申报后，根据管辖范围、当地的疫情情况、提供资料情况等具体申报情况来决定是否受理该申报。决定受理的，要及时派出官方兽医；决定不予受理的也要及时向申报者说明理由。需要说明的是，这里提到的动物、动物产品不含进出境动物、动物产品；检疫的实施主体是官方兽医，但并不等于官方兽医必须承担检疫的全部操作。例如在检测、检查等环节,可以由协检人员负责实施。《动物防疫法》第四十九条以及近些年农业农村部出台的一些政策文件也明确规定,动物卫生监督机构可以根据需要指定兽医专业人员协助实施检疫,还可以通过购买服务的方式开展检疫的技术性辅助工作。

官方兽医在执行动物防疫、检查任务时,与养殖经营主体之间是管理者和被管理者之间的关系,而不是一般的民事主体之间的关系,因此出示工作证件、亮明身份非常必要,这既有利于与一般行为加以区分,促使养殖经营主体无条件支持配合,又有利于防止他人假冒官方兽医侵害养殖经营主体的合法权益。

修订依据

《动物防疫法》第四十八条规定:"动物卫生监督机构依照本法和国务院农业农村主管部门的规定对动物、动物产品实施检疫。

"动物卫生监督机构的官方兽医具体实施动物、动物产品检疫。"

第二十一条 屠宰、出售、运输动物以及出售、运输动物产品前,货主应当按照规定向所在地动物卫生监督机构或者其派驻机构申报检疫。

本条是关于申报检疫的规定,明确货主申报检疫的义务及申报的机构。

对动物、动物产品实施检疫是动物疫病防控工作中的重要环节。动物、动物产品的检疫具有涉及范围广、数量大、环节多等特点,需要对检疫申报的义务和接受申报的机构作出规定。

本条的修订有两处。在原《条例》第十八条的基础上,第一处是删去了"在规定时限内",改为"按照规定"。《动物防疫法》第四十九条为"国务院农业农村主管部门的规定",此处的表述与上位法相呼应,做到在时限、程序等多方面加以限制,更为严谨科学。第二处是删去"县级人民政府",增加"派驻机构"。删除是为了对《条例》进行精简。增加"派驻机构"，可避免货主因为只能向县级动物卫生监督机构申报检疫而面临的两个问题，一是货主申报检疫在时间、费用等方面付出的成本相对较高；二是检疫工作过度集中，影响工作效率。所以，赋予派驻机构接受检疫申报的职能，有利于提升效率。

本条对动物检疫的申报主体进行了明确。同时，依据农业农村部第 531 号公告，从事畜禽运输的单位和个人及其运输车辆应当在县级人民政府农业农村主管部门备案，并以此作为受理检疫申报的前提。农业农村主管部门办理备案时应当核实相关材料信息，备案材料符合要求的，及时予以备案；不符合要求的，应当一次性告知备案人补正相关材料。

修订依据

《动物防疫法》第四十九条第一款规定："屠宰、出售或者运输动物以及出售或者运输动物产品前，货主应当按照国务院农业农村主管部门的规定向所在地动物卫生监督机构申报检疫。"

第二十二条　屠宰、经营、运输的动物，以及用于科研、教学、药用、展示、演出和比赛等非食用性利用的动物，应当附有检疫证明；经营、运输的动物产品，应当附有检疫证明和检疫标志。

本条规定检疫证明及检疫标志的使用对象。

本条的修订有两处，修订的目的是与上位法的表述保持一致以及使表述更为规范。第一处是将原条文中"屠宰、经营、运输、参展、演出和比赛的动物"进行规范化表述，分为食用性利用动物以及各种非食用性利用动物两种类型，使层次感更加清晰。这种表述有利于突出强调用作科研、教学、药用、参展、演出和比赛等非食用性利用的动物，也要求具有检疫证明。这一规定主要是为了解决实践中出现的关于非食用性利用动物是否需要检疫的疑惑，避免在工作中再次出现关于此问题的争议，也为后期出台检疫规程等提供依据。

第二处是将"检疫合格证明"改为"检疫证明"，一方面是因为《动物防疫法》中，没有关于"检疫合格证明"的表述，例如第四十九条规定"……检疫合格的，出具检疫证明……"在法律层面使用的术语为检疫证明；另一方面是因为在检疫工作中，官方兽医只对检疫合格的动物、动物产品出具证明，对检疫不合格的则需要作其他处理，继续沿用"检疫合格证明"难免会让公众误认为还有"检疫不合格证明"这一类证明。

本条对动物的检疫证明和检疫标志制度作出了规定。检疫证明通常有明确的样式，是作为动物检疫合格的一项法律证明。没有相关部门出具的检疫证明，则不得从事相关活动，否则将承担相应的法律责任。对进入经营及运输环节的动物产品则有更为严格的要求，不仅需要具有法律效力的检疫证明，还需要加施检疫标志。也就是说，检疫证明及检疫标志都属于法律层面明文确定的证明凭证，只有通过这两类证明凭证才能表明该动物产品经检疫合格。如果动物、动物产品未按照规定附具这两类证明，相关主体就不得从事经营和运输活动，相关承运机构（如民航、铁路、邮政、物流、客运等）也不得为其提供托运服务。检疫证明及检疫标志制度的实施，对于规范检疫程序、保障产品质量安全具有不可或缺的作用。《农业农村部办公厅关于规范动物检疫验讫证章和相关标志样式等有关要求的通知》（农办牧〔2019〕28号）提出兼顾实用与环保要求，为检疫标志的使用作出了更为具体的规定。应认识到，本条所规定的两类证明凭证的使用，对于健全动物管理制度、维护公共卫生安全具有极其重要的作用，无论是参与的各类市场主体，还是相关的管理部门，都应严格遵守。

修订依据

《动物防疫法》第五十一条规定："屠宰、经营、运输的动物，以及用于科研、展示、演出和比赛等非食用性利用的动物，应当附有检疫证明；经营和运输的动物产品，应当附有检疫证明、检疫标志。"

第二十三条 禁止屠宰、经营、运输应当加施而未加施畜禽标识的动物。

本条是关于畜禽标识使用的规定。

本条修订是在原《条例》第二十条第一款上增加"应当加施而未加施"的规定，删去了第二款。现有的表述方式更为严谨，解决了在过去工作中出现的对畜禽标识使用范围的模糊性问题。《动物检疫管理办法》第二十条规定，进入屠宰加工场所的待宰动物应当附有动物检疫证明并加施有符合规定的畜禽标识。《畜禽标识和养殖档案管理办法》第二条、第三条等条款也分别对畜禽标识的类别及使用范围等进行了规定。可见，畜禽标识的使用范围并非针对全部活动，也不是所有动物都需加施畜禽标识，而是有相应管理办法加以明确规定。因此，应严格根据《畜禽标识和养殖档案管理办法》等的规定对其进行管理，故增加了上述表述。

本条要求按照规定使用畜禽标识，对于应加施而未加施畜禽标识的动物，用列举的方式明确禁止实施的相应行为。开展严格规范的动物、动物产品运输监管是降低动物疫病传播风险的重要措施，禁止屠宰、经营、运输应当加施而未加施畜禽标识的动物是严格规范动物运输监管的手段之一。

修订依据

《畜禽标识和养殖档案管理办法》第二条规定："本办法所称畜禽标识是指经农业部批准使用的耳标、电子标签、脚环以及其他承载畜禽信息的标识物。"

第三条规定："在中华人民共和国境内从事畜禽及畜禽产品生产、经营、运输等活动，应当遵守本办法。"

第四条规定："农业部负责全国畜禽标识和养殖档案的监督管理工作。

"县级以上地方人民政府畜牧兽医行政主管部门负责本行政区域

内畜禽标识和养殖档案的监督管理工作。"

第二十四条　省人民政府确定并公布道路运输的动物进入本省的指定通道，设置符合道路交通安全相关技术规范的引导标志。跨省通过道路运输动物的，应当经省人民政府设立的指定通道入省境或者过省境，并向指定通道所在地依法设立的检查站申报检查。

从事动物饲养、屠宰、经营、隔离、运输等活动的单位和个人，不得接收未按照前款规定经过检查或者检查不合格的动物。

本条是关于道路运输动物指定通道的规定。

本条共两处修订。第一处在原《条例》第二十一条、第二十二条的基础上进行修订。本条规定了指定通道的设置与对跨省通过指定通道的要求，明确省人民政府确定并公布指定通道，设置相应的引导标志，内容上更具有连贯性，且与上位法保持一致。指定通道制度是规范动物运输活动，强化动物运输监管的重要制度，也是事中、事后监管的一个关键举措。《国务院办公厅关于加强非洲猪瘟防控工作的意见》（国办发〔2019〕31 号）明确提出，要建立生猪指定通道运输制度。《国务院办公厅关于促进畜牧业高质量发展的意见》（国发办〔2020〕31 号）提出，要统一规划实施畜禽指定通道运输。《非洲猪瘟等重大动物疫病分区防控工作方案（试行）》（农牧发〔2021〕12 号）指出，要推进指定通道建设，进行区域指定通道检查站的规范化创建。目前，全国有超过 20 个省（自治区、直辖市）在地方管理实践中有效实行了这项制度。为了强化对跨省调运动物的监管，本《条例》在修订时决定借鉴有关做法，对原条文进行修订完善。调查研究显示，近年贵州发生的重大动物疫病，有八成左右涉及动物调运活动。有关部门必须规范调运活动，并在此方面注重监管，以达到控制动物疫病发生及传播的目的。有关单位和个人跨省通过道路运输动物，应当经省人民政府设立的指定通道入省境或者过省境，并向指定通道所在地依法设立的检查站申报检查。这是加强和规范动物检疫事中、事后监管，强化动物运输管理的一项重要措施。这一规定衔接产地"出口关"和落地"监管关"，在运输主体方面压实责任，将生产运输的各个环节相串联，形成完善的监管体系。

第二款在原《条例》第二十一条第二款的基础上进行修订。在主体方面，将原规定中的"任何单位和个人"进行细化，明确主体为"从事动物饲养、屠宰、经营、隔离、运输等活动的单位和个人"。修订后的表述更具有针对性和指向性，也更加科学严谨。

一、责任主体

本条明确指定通道由省人民政府设置及相关问题。省人民政府确定并公布指定通道，设置符合道路交通安全相关技术规范的引导标志。

二、修订依据

《动物防疫法》第五十三条规定："省、自治区、直辖市人民政府确定并公布道路运输的动物进入本行政区域的指定通道，设置引导标志。跨省、自治区、直辖市通过道路运输动物的，应当经省、自治区、直辖市人民政府设立的指定通道入省境或者过省境。"

第一百零二条规定："违反本法规定，通过道路跨省、自治区、直辖市运输动物，未经省、自治区、直辖市人民政府设立的指定通道入省境或者过省境的，由县级以上地方人民政府农业农村主管部门对运输人处五千元以上一万元以下罚款；情节严重的，处一万元以上五万元以下罚款。"

第二十五条　跨省引进的种用、乳用动物到达输入地后，货主应当按照规定对引进的种用、乳用动物进行隔离观察，并在 24 小时内向所在地县级人民政府动物卫生监督机构报告。

本条是关于货主跨省引进种用、乳用动物进行隔离观察及报告义务的规定。

本条对应《动物防疫法》第五十五条。对种用、乳用动物进行管理,不仅事关动物防疫,也关乎人体健康。一方面,种用、乳用动物与其他动物相比,因需繁殖后代,饲养周期更长。如果其自身出现问题,将成为长期存在并且难以发现的传染源,还可通过精液、胚胎等方式将疾病传播给后代,不断扩大传染面,造成难以估量的不良后果;另一方面,乳用动物产品经加工后形成的食品如果出现问题,将直接影响人体健康,引发人类疾病。所以,重视对种用、乳用动物的管理,尤其是跨省引进方面的管理,是控制动物疫病传播、强化动物防疫的应有之义。同时,因动物疫病具有一定的潜伏期,在此期间不表现出临床症状,短时的观察难以发现,需要先进行隔离观察,合格的方可用于生产经营活动。与原条文相比,本条从原规定的跨省引进用于饲养的非乳用、非种用动物的报告义务要求,变更为对跨省引进的种用、乳用动物的隔离观察及报告义务,从正面对引进种用、乳用动物的行为进行规范,适应了新时期动物防疫和产业发展的需要,筑牢了动物防疫安全网,可减少养殖业新病和外来病,进一步压实从业者的防疫主体责任。

在隔离期限上,《动物检疫管理办法》第十七条规定:"跨省、自治区、直辖市引进的乳用、种用动物到达输入地后,应当在隔离场或者饲养场内的隔离舍进行隔离观察,隔离期为三十天。经隔离观察合格的,方可混群饲养;不合格的,按照有关规定进行处理。隔离观察合格后需要继续运输的,货主应当申报检疫,并取得动物检疫证明。"第二十六条规定:"输入到无规定动物疫病区的相关易感动物,应当在输入地省级动物卫生监督机构指定的隔离场所进行隔离,隔离检疫期为三十天。隔离检疫合格的,由隔离场所在地县级动物卫生监督机构的官方兽医出具动物检疫证明。"有鉴于此,本条未对具体隔离时限作出具体规定,同时,太过具体的期限不符合地方性法规起草规定,也不适应市场发展变化的需求。此外,《动物防疫法》在中央"放管服"改革大背景下，删除原法条中的事前审批规定，取消了办理审批手续及检疫证明这一行政许可事项，而是注重事后的监管，做到放管结合。本条的修订遵循这一立法精神，作出 24 小时内向动物卫生监督机构报告的规定。要注意的是，对跨省引进的乳用、种用动物进行隔离观察及报告具有强制性的法定义务，需要相关主体充分认识其重要性并切实履行，否则要承担相关法律责任。

修订依据

《动物防疫法》第五十五条规定："跨省、自治区、直辖市引进的种用、乳用动物到达输入地后，货主应当按照国务院农业农村主管部门的规定对引进的种用、乳用动物进行隔离观察。"

第二十六条　县级人民政府动物卫生监督机构对定点屠宰厂（场、点）派驻官方兽医，监督屠宰厂（场、点）做好动物防疫、无害化处理等工作。

屠宰厂（场、点）屠宰的动物应当经官方兽医查验合格。

除国家另有规定外，禁止将运达屠宰厂（场、点）内的动物外运出场。

本条是关于屠宰检疫的规定。

本条有三处修订。第一处是将原《条例》第二十五条中"肉品品质检验检测"改为"动物防疫"，与上位法及本《条例》的其他表述相协调。

第二处是删去了原第二款的"检查"。《动物检疫管理办法》专章规定了屠宰检疫，明确由动物卫生监督机构向依法设立的屠宰加工场所派驻（出）官方兽医实施检疫。具体来说，被派驻的官方兽医代表了动物卫生监督机构履行监督职责，包含法律法规所规定的查验、检查、观察等多项内容。随着动物防疫措施的经验积累及完善，详细的措施不宜在法规中作过于具体的规定，故采用"查验合格"这一简洁而内涵丰富的表述。农业农村部第 531 号公告指出，动物卫生监督机构应重视对官方兽医人员的管理，结合动物检疫申报点设置，对官方兽医的具体工作内容加以规定，实现人与点的关联管理。官方兽医在动物检疫工作各环节，尤其是屠宰检疫程序中的作用不言而喻。在本条规定中，官方兽医需进行实地考察，到定点屠宰厂（场、点）对其重要环节进行指导和监督。

第三处是增加第三款。从实际情况看，不少定点屠宰厂（场、点）存在违规将动物外运出场进行二次销售运输的情况，这既不符合屠宰用动物"点对点"调运和检疫管理的有关规定，又容易造成疫病的传播扩散。从省外经验看，《江苏省动物防疫条例》第三十一条同样对此作出规定，明确禁止将动物屠宰加工场所内的动物外运出场。因此增加第三款以对此行为进行限制和规范。

一、责任主体

本条明确屠宰检疫的监督主体为动物卫生监督机构，通过派驻官方兽医到场具体执行监督责任。

二、修订依据

《动物防疫法》第四十九条规定："屠宰、出售或者运输动物以及出售或者运输动物产品前，货主应当按照国务院农业农村主管部门的规定向所在地动物卫生监督机构申报检疫。

"动物卫生监督机构接到检疫申报后，应当及时指派官方兽医对动物、动物产品实施检疫；检疫合格的，出具检疫证明、加施检疫标志。实施检疫的官方兽医应当在检疫证明、检疫标志上签字或者盖章，并对检疫结论负责。

"动物饲养场、屠宰企业的执业兽医或者动物防疫技术人员，应当协助官方兽医实施检疫。"

第八十一条第二款规定："县级人民政府农业农村主管部门可以根据动物防疫工作需要，向乡、镇或者特定区域派驻兽医机构或者工作人员。"

《动物检疫管理办法》第十九条规定:"动物卫生监督机构向依法设立的屠宰加工场所派驻(出)官方兽医实施检疫。"

第二十条规定:"进入屠宰加工场所的待宰动物应当附有动物检疫证明并加施有符合规定的畜禽标识。"第二十二条规定:"官方兽医应当检查待宰动物健康状况,在屠宰过程中开展同步检疫和必要的实验室疫病检测,并填写屠宰检疫记录。"

第二十七条　屠宰厂(场、点)、交易市场、冷冻动物产品贮藏场所等的经营者,应当对入场动物、动物产品查验检疫证明、畜禽标识或者检疫标志。未经查验或者经查验不符合规定的动物、动物产品不得入场。

本条明确了场所经营者购买动物、动物产品前的查验义务,是对经营者动物防疫责任的具体规定。

本条为新增条款,原《条例》对此并无直接规定。从省外经验看,2019年修订的《广东省动物防疫条例》第二十五条明确规定了经营者在购进动物、动物产品时的查验义务。本《条例》吸收了这一经验。首先,本条规定所涉及的主体范围更广。本《条例》第二十六条第二款侧重于规定待宰动物应当经官方兽医查验,这是一种经官方机构进行的查验。同时,本条将进行查验的主体扩大为"屠宰厂(场、点)、交易市场、冷冻动物产品贮藏等场所经营者"。其次,这种查验并非经官方认证的查验,而是场所经营者的自行检查。这种场所经营者购买前自行查验的义务,能够对场所经营者形成一种良好的约束作用,促使市场交易主体在市场交易的过程中主动对入场动物、动物产品进行查验,如果检疫证明、畜禽标识或者检疫标志出现问题,能够做到暂停交易,这极大地提高了动物防疫的工作效率,降低了防疫成本,落实了防疫主体责任。本条款通过明确相关场所经营者的自行查验义务，为《条例》第四十条明确对违反检疫证明或检疫标志制度行为进行处罚提供了依据。

修订依据

《动物防疫法》第一百条规定："违反本法规定，屠宰、经营、运输的动物未附有检疫证明，经营和运输的动物产品未附有检疫证明、检疫标志的，由县级以上地方人民政府农业农村主管部门责令改正，处同类检疫合格动物、动物产品货值金额一倍以下罚款；对货主以外的承运人处运输费用三倍以上五倍以下罚款，情节严重的，处五倍以上十倍以下罚款。

"违反本法规定，用于科研、展示、演出和比赛等非食用性利用的动物未附有检疫证明的，由县级以上地方人民政府农业农村主管部门责令改正，处三千元以上一万元以下罚款。"

第二十八条 销售动物以及动物产品实行检疫证明明示制度，经营者应当将销售的动物以及动物产品检疫证明明示，接受社会监督。

本条是关于检疫证明明示制度的规定。

本条修订了一处，删除了"检疫合格证明"中的"合格"二字。与上位法多个条文所涉及的术语"检疫证明"及本《条例》的上下文保持协调一致。社会监督是动物防疫各个环节中不可或缺的组成部分，本《条例》遵循《动物防疫法》的立法精神，注重引导社会力量参与动物防疫全过程。通过检疫证明明示，使其进入公众视线，得到来自社会层面全方位的监督，提高了监督的效率。

修订依据

《动物检疫管理办法》第三条规定："动物检疫遵循过程监管、风险控制、区域化和可追溯管理相结合的原则。"

第四章　病死动物和病害动物产品的无害化处理

本章共四条，对病死动物和病害动物产品无害化处理的责任主体、处理机构以及处理体系的建设等作了规定。

第二十九条　市州、县级人民政府应当依据省人民政府制定的动物和动物产品集中无害化处理场所建设规划，按照统筹规划、合理布局的原则，制定无害化处理场所建设方案，建立健全无害化处理体系和机制，保障运行经费。

本条对制定无害化处理场所建设方案的主体及要求进行原则性规定，统领全章。

本条明确了市州、县级人民政府作为无害化处理场所建设方案的制定者，承担建立健全无害化处理体系和机制、保障运行经费的责任。建设方案的制定依据为省人民政府制定的动物和动物产品集中无害化处理场所建设规划，建设方案的制定原则为统筹规划、合理布局。

本条主要围绕原《条例》第二十七条，共有三处修订。第一处是将"制定病死动物和病害动物产品无害化处理场所建设规划"改为"制定无害化处理场所建设方案"，主要将制定的文件名称从"建设规划"改为"建设方案"。《动物防疫法》第五十九条明确了省级政府制定动物、动物产品集中无害化处理场所建设规划，明确"无害化处理场所建设规划"应由省级人民政府制定，市州、县级人民政府负责建设规划的具体实施。第二处是明确市州、县级人民政府制定无害化处理场所建设方案的依据为省人民政府制定的无害化处理场所建设规划。第三处是将"县级以上人民政府"改为"市州、县级人民政府",责任主体更加明确。

病死动物和病害动物产品无害化处理是动物防疫的基础性工作,是切断动物疫病传播的重要措施,是推进养殖业高质量发展的重要保障。病死动物和病害动物产品无害化处理场所的处理能力应当与区域内畜禽养殖量、养殖水平、品种结构相适应。区域内专业无害化处理场所过多,会导致单个场所处理病死动物和病害动物产品数量少,不仅会造成重复建设和资源浪费,也会影响市场运行效率;区域内没有专业无害化处理场所或处理能力不足,则会造成病死动物和病害动物产品不能及时无害化处理,增加了动物疫病流行传播的风险。本《条例》在《动物防疫法》构建的体系基础上,明确了市州、县级人民政府在无害化处理场所建设体系中所起的作用,进一步落实了市州、县级人民政府的责任,更有利于推动无害化处理体系的发展与完善。

贵州省的病死动物和病害动物产品无害化集中处理体系建设起步较晚,与经济社会发展的新要求存在差距,主要体现在两方面:一是与畜牧业发展布局不相适应。截至 2022 年底,已在安顺市、黔南自治州和铜仁市建成病死动物和病害动物产品专业无害化处理场 3 家,但并不能完全满足全省无害化处理的需要,尤其是遵义、毕节等养殖大市仍未有无害化处理体系,与当地畜牧业发展不相适应。二是与保障生物安全的新要求不相适应。畜牧业的生物安全是国家总体生物安全体系的重要组成部分,必须全方位谋划,以促进无害化处理体系提升。

2014 年,《国务院办公厅关于建立病死畜禽无害化处理机制的意见》(国办发〔2014〕47 号)印发后,贵州省印发《省人民政府办公厅关于建立病死畜禽无害化处理机制的实施意见》(黔府办发〔2016〕16 号),提出按照生态文明建设总体要求,以及时处理、清洁环保、合理利用为目标,坚持统筹规划与属地负责相结合、政府监管与市场运作相结合、财政补助与保险联动相结合、集中处理与自行处理相结合的原则，建立覆盖饲养、屠宰、经营、运输等各环节的病死畜禽无害化处理体系和长效机制，确保食品安全和生态安全。同时，对无害化处理工作作出明确要求，全省9个市州要按照"分步建设、方便运输、便于管理、有利运转"的原则，科学测算无害化处理场的辐射范围，分别建设1座以上区域性无害化集中处理场；县级要规划建设病死畜禽收集暂存网点；畜禽规模养殖场、畜禽定点屠宰场和畜禽批发市场应当建设与其规模相适应的冷库或冰柜，用于暂存病死畜禽。2021年，贵州省农业农村厅和贵州省财政厅联合印发《省农业农村厅 省财政厅关于进一步加强病死畜禽无害化处理工作的通知》(黔农计财〔2021〕5号)，明确按照"各级人民政府对辖区内病死畜禽无害化处理负总责"要求，各地农业农村部门、财政部门要在当地政府领导下，积极推动落实病死畜禽无害化处理工作属地管理责任，主动协调市场监管、生态环境、自然资源和公安等有关部门，制定完善方案，细化职责分工，协调推动无害化处理用地、税收优惠、农机购置补贴等相关配套政策落地，主动帮助无害化处理单位解决发展过程中面临的困难和问题，加快形成网格化管理、联防联控的工作格局。

病死动物和病害动物产品无害化处理虽然有较强的公益属性，但单纯依靠政府投入，难以实现资源的有效配置，故从国家到地方，逐步建立完善政府主导、市场运作的无害化处理机制，鼓励支持市场主体投资建设无害化处理场及收集暂存网点，实现病死动物和病害动物产品无害化处理市场化运营，提升无害化处理效率，减轻公共财政负担。鼓励已建成的无害化处理场跨区域收集处理。暂时未独立建设无害化处理场的市州，应组织或委托相关单位建立收集暂存体系，组织与无害化处理场签订委托处理协议，确保辖区内病死动物和病害动物产品得到有效处理。同时，无害化处理场建设实行总量控制，避免出现无序竞争和产能过剩，鼓励市州间合作共建无害化处理体系。

一、责任主体

本条明确了市州、县级人民政府作为无害化处理场所建设方案的制定者，承担建立健全无害化处理体系和机制、保障运行经费的责任。建设方案的制定依据为省人民政府制定的动物、动物产品集中无害化处理场所建设规划，建设方案的制定原则为统筹规划、合理布局。

二、修订依据

《动物防疫法》第五十九条规定："省、自治区、直辖市人民政府制定动物和动物产品集中无害化处理场所建设规划，建立政府主导、市场运作的无害化处理机制。"

第六十条规定："各级财政对病死动物无害化处理提供补助。具体补助标准和办法由县级以上人民政府财政部门会同本级人民政府农业农村、野生动物保护等有关部门制定。"

第三十条 实行病死动物集中无害化处理制度。动物饲养场、活畜禽交易市场、屠宰厂（场、点）、动物隔离场所应当配备与其规模相适应且符合环保要求的无害化处理设施设备，或者病死动物暂贮的冷藏冷冻设施设备。

本条是关于病死动物集中无害化处理制度的具体规定。

本条基于原《条例》第二十八条，共三处修订。第一处是将"无害化集中处理制度"改为"集中无害化处理制度"。首先，"无害化处理"本身为一个名词，"集中"应指的是对无害化处理进行集中，修订后更能保持其完整性。其次，集中处理与自行处理为无害化处理的两种方式。《农业农村部 财政部关于进一步加强病死畜禽无害化处理工作的通知》（农牧发〔2020〕6号）指出，应推动建立集中处理为主，自行分散处理为补充的处理体系，逐步提高专业无害化处理覆盖率。第二处是将"动物定点屠宰厂（场、点）"改为"屠宰厂（场、点）"。此处的修订，与本《条例》前述条文的表述保持一致。第三处是将"以及病死动物暂贮的冷藏冷冻设施设备"中的"以及"改为"或者"。此处对动物饲养场、活畜禽交易市场、屠宰厂（场、点）、动物隔离场所的设备要求放宽，更符合实际。集中处理为无害化处理的主要方式，自行处理为补充方式，对不具备无害化处理能力的普通经营者来说，并不能够要求其既配备无害化处理设备，又配备专业的病死动物暂贮设备，所以修订后更符合法条上下文的逻辑。

《动物防疫法》规定，病死动物，是指染疫死亡、因病死亡、死因不明或者经检验检疫可能危害人体或者动物健康的死亡动物；病害动物产品，是指来源于病死动物的产品，或者经检验检疫可能危害人体或者动物健康的动物产品。病死动物和病害动物产品的无害化处理，指的是通过物理、化学方法处理病死动物和病害动物产品，消灭其携带的病原体，消除危害的过程。当前，各地普遍采用焚烧、化制、深埋等方法进行无害化处理。病死动物和病害动物产品的无害化处理，是消灭传染源的有效途径，能够有效降低动物疫病，尤其是人畜共患传染病的传播风险，是有力保障养殖业生产安全、动物源性食品安全、公共卫生安全和生态安全的基础性措施。

在工作实践中发现，生产经营者主体责任落实不到位、处理体系不健全、处理方式不规范、监督管理措施不完善等问题还不同程度地存在，随意丢弃病死畜禽等情况还时有发生，这既造成了动物疫病的传播隐患，也带来了病死畜禽和病害畜禽产品进入食品链条、污染环境等风险，因此必须实行集中无害化处理制度。2021年，贵州省农业农村厅和贵州省财政厅联合印发的《省农业农村厅 省财政厅关于进一步加强病死畜禽无害化处理工作的通知》(黔农计财〔2021〕5号)明确，全省建立完善以集中处理为主，自行分散处理为补充的处理体系。集中无害化处理场建成后，项目覆盖范围内的病死畜禽原则上应统一交由无害化处理场采用化制、发酵等先进工艺进行处理；尚未覆盖的区域，要督促指导畜禽养殖经营单位配备与生产规模相适应的无害化处理设施设备，严格按照相关技术规范对病死畜禽进行处理，减少使用深埋、化尸窖、堆肥等处理方式，确保有效杀灭病原体；年出栏 2 万头以上的生猪规模养殖场和日屠宰猪 5000 头以上、禽 5 万只以上的定点屠宰场，可在当地兽医部门的监督下，用自建无害化处理设施对病死畜禽及相关产品进行无害化处理；支持跨市州、县就近收集处理病死畜禽，降低病死畜禽收运成本和疫病传播风险。

当前，贵州省实行集中处理与自行处理相结合的方式处理病死动物和病害动物产品，明确以集中处理为主，而自行处理主要针对山区、边远地区等暂时不具备集中处理条件的地区。自 2014 年以来，贵州省积极推动无害化集中处理工作，全省已有 3 个市（州）建成无害化处理场并正式运营，部分市州建设收集转运体系，初步形成了无害化处理体系，为病死动物和病害动物产品集中处理提供了物质基础和设施条件。

贵州省对病死猪无害化处理进行补助。2011 年，《国务院办公厅关于促进生猪生产平稳健康持续发展防止市场供应和价格大幅度波动的通知》（国办发明电〔2011〕26 号），明确对标准化规模养殖场（小区）养殖环节病死猪无害化处理费用给予每头 80 元的补助。2014 年，《国务院办公厅关于建立病死畜禽无害化处理机制的意见》（国办发〔2014〕47 号）要求，按照"谁处理、补给谁"的原则，建立与养殖量、无害化处理率相挂钩的财政补助机制，将病死猪无害化处理补助范围由规模养殖场（小区）扩大到生猪散养户。2021 年，贵州省农业农村厅和贵州省财政厅联合印发的《省农业农村厅 省财政厅关于进一步加强病死畜禽无害化处理工作的通知》（黔农计财〔2021〕5 号）明确，贵州省农业农村厅会同贵州省财政厅，依据各地病死猪无害化处理数量，及时将中央财政补助资金下达各地，并按照相应补助标准，测算下达省级财政配套补助资金，由各地分别于资金下达后 1 个月内据实补助到承担病死猪无害化处理的实施者，并足额安排本级配套补助资金。鼓励有条件的地区加强财政支持，在对养殖环节病死猪无害化处理进行补助的基础上，对养殖环节病死牛、羊、家禽无害化处理进行补助。同时，也明确对提供虚假资料，骗取套取、挪用补助资金的单位和个人，一经查实，全额追回补助资金并依法依规从严处理。

病死动物和病害动物产品集中无害化处理的补助原则是"谁处理、补给谁"。为进一步规范无害化处理和更有利于监督管理，可以探索并建立无害化处理补助逐步过渡到以集中处理为主的政策导向。

修订依据

《动物防疫法》第五十七条规定："从事动物饲养、屠宰、经营、隔离以及动物产品生产、经营、加工、贮藏等活动的单位和个人，应当按照国家有关规定做好病死动物、病害动物产品的无害化处理，或者委托动物和动物产品无害化处理场所处理。

"从事动物、动物产品运输的单位和个人，应当配合做好病死动物和病害动物产品的无害化处理，不得在途中擅自弃置和处理有关动物和动物产品。

"任何单位和个人不得买卖、加工、随意弃置病死动物和病害动物产品。

"动物和动物产品无害化处理管理办法由国务院农业农村、野生动物保护主管部门按照职责制定。"

第三十一条　从事动物饲养、屠宰、经营、隔离以及动物产品生产、经营、加工、贮藏等活动的单位和个人，应当按照国家有关规定做好病死动物、病害动物产品的无害化处理，或者委托动物和动物产品无害化处理场所处理。不具备无害化处理能力的，应当委托动物和动物产品无害化处理场所处理，处理费用由委托人按照规定承担。

任何单位和个人不得买卖、加工、随意弃置病死动物和病害动物产品。

从事无害化处理的单位和个人应当建立处理情况档案。

本条是关于无害化处理的具体规定，明确生产经营者承担无害化处理主体责任。

原《条例》第二十九条共有三款，本条在原条文的基础上进行修订。修订后的内容与《动物防疫法》保持一致。

本条文第一款，对责任主体进行修订，在原条文"从事饲养、屠宰、经营、运输动物以及生产、经营、加工、贮藏、运输动物产品的单位和个人"的基础上，将表述动物与动物产品的位置提前，语意更通畅；删去"运输"行为，增加"隔离"行为。我国是一个畜牧业生产大国，在之前的发展中，往往只重视生产经营，而忽视病死动物和病害动物产品的处理，随意丢弃现象突出，存在造成动物疫病、人畜共患传染病流行传播的风险。这不仅会给畜牧业带来危机，也严重威胁自然环境，并极有可能引发公共卫生事件。本条从规则层面明确和压实病死动物和病害动物产品无害化处理的主体责任，能够起到有效加强源头管控的作用。《国务院办公厅关于建立病死畜禽无害化处理机制的意见》（国办发〔2014〕47号）明确，从事畜禽饲养、屠宰、经营、运输的单位和个人是病死畜禽无害化处理的第一责任人。本条不再保留运输主体作为主要责任主体，将运输主体与本条所规定的其他行为主体进行了分离。作出这一区分是为了回应现实存在的法律问题。通常情况下，运输主体并非货主，对所运输的物品并不享有所有权，因而在民法意义上也不具有承担直接法律责任的法律基础。但是，也应认识到，此条不再规定运输主体为主要负责主体，并不意味着该类主体完全不承担责任、不需要对所运输的产品进行处理。在实际的执法活动过程中，常常出现运输主体以各种理由不配合检查的情形，这是对法律法规的错误理解，虽然并非所有权人，但如果行为人意识到所运产品可能涉及违反法律或行政法规所规定的情形，其有义务配合执法人员做好处置，不得阻碍正常执法活动，也不能拒绝处罚结果。另外，本条在原条文规定单位和个人应当采取委托处理的基础上增加了"按照国家有关规定"的表述。如上述文件所述，无害化处理的具体措施并不能一概而论，需要根据当地经济、环境等实际情况，进行委托或自行处理。同时，本条款对无害化处理的对象表述进行了修订。原条文为"病死或者死因不明的动物、染疫动物产品"，本条为"病死动物、病害动物产品"。本款第二句在原条文第二款的基础上进行修订，删去"将病死动物和病害动物产品"，在"无害化集中处理场"前加上"动物和动物产品"。两款的内容合为一款，内容上更连贯。

本条文的第二款将原条文第一款尾句"任何单位和个人不得随意弃置病死动物和病害动物产品"进行修订，独立成款，使语序更合理。在行为方式上，增加了"买卖""加工"与"随意弃置"相并列。随意弃置行为会极大增加动物疫病流行传播的风险。《国务院办公厅关于促进生猪生产平稳健康持续发展防止市场供应和价格大幅度波动的通知》(国办发明电〔2011〕26号)对病死畜禽提出"四不一处理"，即不宰杀、不销售、不食用、不转运，对病死猪严格进行无害化处理。《国务院办公厅关于建立病死畜禽无害化处理机制的意见》(国办发〔2014〕47号)明确，各地区、各有关部门要按照《动物防疫法》《食品安全法》《畜禽规模养殖污染防治条例》等法律法规，严肃查处随意抛弃病死动物和病害动物产品的违法犯罪行为。《农业农村部 财政部关于进一步加强病死畜禽无害化处理工作的通知》(农牧发〔2020〕6号)指出，各地执法机构要与相关部门联合，健全与畜禽无害化处理工作相关违法案件信息共享制度，严厉打击相关违法犯罪行为。对病死动物和病害动物产品的买卖与加工行为，同样具有恶劣性，是需要严厉打击的违法行为，理应在本条款中进行明确。

本条文的第三款保留原条文第三款中的处理情况档案，删去其他内容。

修订依据

《动物防疫法》第五十七条第一款规定："从事动物饲养、屠宰、经营、隔离以及动物产品生产、经营、加工、贮藏等活动的单位和个人，应当按照国家有关规定做好病死动物、病害动物产品的无害化处理，或者委托动物和动物产品无害化处理场所处理。"

第三十二条　禁止藏匿、转移、盗挖已被依法隔离、封存、扣押、处理的动物和动物产品。

禁止为染疫、疑似染疫、病死、死因不明的动物或者动物产品提供加工设备、运载工具、贮藏场所。

本条是关于处理动物、动物产品的禁止性规定。

本条第一款中，将"查封"替换为"封存"。《动物防疫法》第一百零四条中，使用"封存"而非"查封"这一表述，修订后的表述与其保持协调一致。《最高人民法院关于人民法院民事执行中查封、扣押、冻结财产的规定》指出，查封是对不动产或者体积较大且难以移动的财产加贴封条，原地封存，不准被执行人移动或者处分的一种限制性措施。"封存"主要指密封存留与密闭保养，并含有防止被封之物受到损害的意思。对于动物、动物产品，使用"封存"一词更符合行政行为的实施目的。

本条的两个条款作出的禁止性规定，通过列举的方式明确了对动物、动物产品禁止实施的行为，具有很强的指导意义。

修订依据

《动物防疫法》第一百零四条规定："违反本法规定，有下列行为之一的，由县级以上地方人民政府农业农村主管部门责令改正，处三千元以上三万元以下罚款：

"（一）擅自发布动物疫情的；

　　"（二）不遵守县级以上人民政府及其农业农村主管部门依法作出的有关控制动物疫病规定的；

　　"（三）藏匿、转移、盗掘已被依法隔离、封存、处理的动物和动物产品的。"

第五章 法律责任

本章共十一条，对违反本《条例》规定的行为的法律责任作了规定。

第三十三条 违反本条例第十五条第一款规定，未对场地、设施设备以及交通工具进行清洗、消毒的，由县级以上人民政府农业农村主管部门、市场监督管理部门依据各自职责责令限期改正，可处以200元以上1000元以下罚款；逾期不改正的，处以1000元以上5000元以下罚款。

本条规定了动物生产经营单位未按规定对相应场所、设施设备进行清洗、消毒的法律责任。

本条为新增条款，是第十五条第一款的配套处罚。原《条例》规定了动物生产经营单位应当对相关的场地、设施等进行清洗、消毒，建立健全相应的动物防疫制度，虽然赋予了动物生产经营单位清洗、消毒的义务，但并未配套相应的处罚措施，缺乏强制性。此次修订增加了相应的处罚措施，更有利于动物防疫工作的开展，也使整个《条例》的体系更加完整。

一、责任主体

本条的责任主体是动物饲养场、活畜禽交易市场、动物隔离场、动物诊疗机构、屠宰厂（场、点）以及动物产品加工等场所，即以生产经营单位作为责任主体。

二、承担法律责任的违法行为

本条规定的违法行为是指具有相应义务的生产经营单位未按规

定对动物经营场所、动物加工设施设备、动物运输交通工具等进行清洗、消毒的行为。

三、法律责任

违法行为人有上述违法行为之一的，由县级以上人民政府农业农村主管部门、市场监督管理部门在各自职责范围内作出以下处理：

一是责令限期改正，同时可以视情况在 200 元以上 1000 元以下的幅度范围内罚款。需要说明的是，本条规定的责令限期改正不属于行政处罚，而是带有行政命令性质，其后规定的罚款才属于行政处罚，处罚不是最终目的，促使生产经营者依法依规地生产经营才是设置处罚条款的初衷。责令限期改正要求行政相对人及时纠正违法行为，在主管部门限定的期限内，按照国家有关规定对动物生产经营场地、设施设备以及交通工具进行清洗和消毒，保障动物生产经营安全，维护动物生产管理秩序。在此基础上，根据违法行为情节的轻重可以视情况在 200 元以上 1000 元以下的幅度范围内处以罚款。违法行为情节主要包括违法行为发生的时间、地点、持续时长、是否为初犯等内容，如果行为人初次违法，接到通知后立即改正，没有造成相应损害后果的，也可以不罚款。是否对违法行为人处以罚款以及处以多少罚款，是本《条例》赋予农业农村主管部门和市场监督管理部门的自由裁量权，由其根据违法行为情节等具体情况来决定是否处罚以及罚款数额。

二是逾期不改正的，在 1000 元以上 5000 元以下的幅度范围内处以罚款。该处罚规定的设置主要是为了保障之前责令限期改正的行政命令得以顺利实施，违法行为人实施了本条规定的违法行为，在农业农村主管部门或者市场监督管理部门限定的期限内仍未改正的，应当在 1000 元以上 5000 元以下的幅度范围内给予其罚款。例如《贵州省农业农村厅关于印发〈贵州省农业行政处罚自由裁量权基准（试行）〉的通知》（黔农发〔2021〕36 号）明确，初次违反本条，情节轻微的，可以处 1000 元以下罚款；拒不改正情节一般的，可以处 1000 元以上 3000 元以下罚款；拒不改正情节严重的，可以处 3000 元以上 5000 元以下罚款。需要注意的是，行政机关在作出责令限期改正的行政命令时，应当采用书面形式，例如出具《责令改正通知书》，这样方便留存证据，以证明行政相对人具有逾期不改正的加重处罚情节，也有利于规范行政执法行为。

四、修订依据

《动物防疫法》第九十二条规定："违反本法规定，有下列行为之一的，由县级以上地方人民政府农业农村主管部门责令限期改正，可以处一千元以下罚款；逾期不改正的，处一千元以上五千元以下罚款，由县级以上地方人民政府农业农村主管部门委托动物诊疗机构、无害化处理场所等代为处理，所需费用由违法行为人承担：

"⋯⋯⋯⋯

"（四）动物、动物产品的运载工具在装载前和卸载后未按照规定及时清洗、消毒的。"

第三十四条 违反本条例第十五条第二款、第三款规定，有下列行为之一的，由县级以上人民政府农业农村主管部门、市场监督管理部门依据各自职责责令改正，处以 3000 元以上 3 万元以下罚款；情节严重的，责令停业整顿，并处以 3 万元以上 10 万元以下罚款：

（一）未按照规定对市场进行清洗、消毒的；

（二）未建立清洗、消毒档案或者建立虚假清洗、消毒档案的。

本条规定了活畜禽交易市场的开办者对未按规定对市场进行清洗、消毒，未建立市场清洗、消毒档案或建立虚假清洗、消毒档案的法律责任。

本条修订共四处。第一处是主管部门变更，由原来的"食品药品监督主管部门"一个部门独自负责变更为"县级以上人民政府农业农村主管部门、市场监督管理部门"两个部门依据各自职责分别负责。这主要是因政府机构改革和农业综合行政执法改革导致的部门名称、职责范围等发生变化而进行的修订。由于原来的主管机构名称和职能发生了变更,《条例》中相关机构的名称也进行了相应的变更。

第二处是处罚方式变更,原来是"责令改正""拒不改正的处以罚款",现在改为"责令改正的同时处以罚款"以及"情节严重的,责令停业整顿并处罚款"两种处罚方式,增加了责令停业整顿处罚,同时加大了罚款处罚力度,有利于震慑违法行为,推动动物防疫工作的有效开展。

第三处是罚款数额变更,原来的罚款幅度为"5000元以上2万元以下",现在设定了两个罚款幅度,一般情节"处以3000元以上3万元以下罚款",情节严重的"处以3万元以上10万元以下罚款"。本次修订提高了罚款幅度,符合当前的经济社会发展水平,增加了违法成本,更有利于动物防疫管控。

第四处是调整了法条的表述,原来将处罚行为笼统表述为"活畜禽交易市场(交易点)的开办者未按照规定实行定期休市、对市场(交易点)进行清洗和消毒的",现在将处罚行为分为两类,即"未按照规定对市场进行清洗、消毒的;未建立清洗、消毒档案或者建立虚假清洗、消毒档案的",将处罚行为分类列举,使法条表述更为清晰和准确。

一、责任主体

本条的责任主体是活畜禽交易市场的开办者。开办者主要是指设立活畜禽交易市场、管理维护活畜禽交易市场经营活动秩序的组织或者个人。

二、承担法律责任的违法行为

本条规定的违法行为主要有两类,一是未按照规定对市场进行清洗、消毒的行为;二是未建立清洗、消毒档案或者建立虚假清洗、消毒档案的行为。

三、法律责任

上述两类违法行为由县级以上人民政府农业农村主管部门、市场监督管理部门在各自职责范围内作出以下处理：情节一般的，责令改正，并处以 3000 元以上 3 万元以下罚款；情节严重的，责令停业整顿，并处以 3 万元以上 10 万元以下罚款。《贵州省农业农村厅关于印发〈贵州省农业行政处罚自由裁量权基准（试行）〉的通知》（黔农发〔2021〕36 号）明确，初次违反本条，未造成危害后果的，处 3000 元以上 3 万元以下罚款；二次违反本条或造成一般危害后果的，责令停业整顿，并处以 3 万元以上 6 万元以下罚款；三次违反本条或造成严重危害后果的，责令停业整顿，并处以 6 万元以上 10 万元以下罚款。责令停业整顿属于影响较大的行政命令，将直接影响生产经营单位的正常运行，一般适用于较为严重的违法行为，行政机关在决定处罚时应当慎重，处罚过程中应当适用听证程序，完善执法程序、规范执法行为。需要注意的是，"情节严重"一般是指在具有上述两类违法行为的基础上，严重干扰正常的动物防疫管理秩序，出现违法情节加重的情形，比如引发动物疫情甚至是重大动物疫情，造成动物疫病的传播或者动物疫情的扩散，以及多次出现同类行为的情形，均可视为情节严重。

"责令停业整顿"作为一种新的处罚措施，目前尚缺乏权威的操作流程和管理规范，操作起来比较困难。针对本条提及的违法行为，行业主管部门如何规范使用停业整顿处罚措施，以及活畜禽交易市场开办者如何操作以达到整顿目的，都没有权威解答或成熟经验可依凭。是要求开办者立即关闭市场，立即开展清洗消毒，建立完善清洗消毒档案；还是要求开办者待市场内现有活畜禽交易完毕后再关闭市场，开展清洗消毒，建立完善清洗消毒档案……这些问题都亟待权威解答，不过编者倾向于选择第二种方式。为了提高工作的规范性，建议行业主管部门在作出该项处罚措施时，应以"情节严重"为前提而慎重决定，并告知开办者享有陈述申辩、申请行政复议或者提起行政诉讼的权利。同时，鉴于不同市场的整顿难度和情况各有不同，应将未开展清洗消毒和未建立完善清洗消毒档案这两种情形区分开来，根据整顿容易程度、动物疫病潜伏期、疫病监测结果和市场保供等因素综合研究来确定一个相对合理的整顿期限，以既达到整顿目的，又起到震慑作用。对未按规定对市场进行清洗消毒的情形，可以要求市场管理者开展一次彻底的清洗消毒并经行业主管部门验收合格后恢复经营，也可以要求市场管理者重复多次操作并经行业主管部门验收合格后再恢复经营；对未建立清洗消毒档案或者建立虚假清洗消毒档案的情形，可要求市场建立完善清洗消毒档案并经行业主管部门验收合格后恢复经营，也可以要求在市场建立完善清洗消毒档案的基础上暂停一段时间的经营活动并经行业主管部门验收合格后恢复经营。

四、修订依据

《动物防疫法》第九十八条规定："违反本法规定，有下列行为之一的，由县级以上地方人民政府农业农村主管部门责令改正，处三千元以上三万元以下罚款；情节严重的，责令停业整顿，并处三万元以上十万元以下罚款：

"…………

"（二）经营动物、动物产品的集贸市场不具备国务院农业农村主管部门规定的防疫条件的；

"…………"

第三十五条 违反本条例第二十三条规定的，由县级以上人民政府农业农村主管部门责令改正，可处以200元以上2000元以下罚款。

本条规定了违反畜禽标识使用规定的法律责任。

本条修订共三处。第一处是主管部门变更，由原来的"动物卫生监督机构"变更为"县级以上人民政府农业农村主管部门"。该处修订主要是依据政府的机构改革和农业综合行政执法改革进行的。

第二处是处罚方式变更，由原来的"责令改正、给予警告"变更为"责令改正"，删除了"给予警告"。责令改正和给予警告两种处罚存在交叉和重复的部分，责令改正的本质要求中就蕴含着警告的成分，而警告本身是宽泛而抽象的，必须针对具体事项，警告才能发挥作用，针对具体事项进行警告的最终目的还是纠正不符合规定的行为，因此责令改正和给予警告在很大程度上指向性一致，本质上属于同类处罚，同时采用容易产生歧义。因此，本次修订删除"给予警告"，保留处罚力度更大、表述更明确的"责令改正"，在简化操作的同时提高了行政处罚的针对性，也更利于基层执法。

第三处是罚款要求变更，原来是在责令改正后"拒不改正"的才处以罚款，现在变更为主管部门自由裁量，根据具体情况决定在责令改正的同时是否加处罚款，提高了执法的灵活性。

一、责任主体

本条的责任主体是指违反本《条例》第二十三条规定，屠宰、经营、运输应当加施而未加施畜禽标识动物的单位和个人。

二、承担法律责任的违法行为

本条规定的违法行为是指对应当加施而未加施畜禽标识的动物进行屠宰、经营、运输的行为。

三、法律责任

上述行为由县级以上人民政府农业农村主管部门责令改正，并视情况决定是否处以罚款。本条关于罚款的规定属于选择性处罚内容，是本《条例》赋予农业农村主管部门的自由裁量权，最终是否处以罚款以及在 200 元以上 2000 元以下的处罚幅度内处以多少罚款，由其根据违法行为情节的具体情况来决定。违法行为情节主要包括违法行为发生的时间、地点、持续时长、是否为初犯等内容。

四、修订依据

《动物防疫法》第九十三条规定："违反本法规定，对经强制免疫的动物未按照规定建立免疫档案，或者未按照规定加施畜禽标识的，依照《中华人民共和国畜牧法》的有关规定处罚。"

第三十六条 违反本条例第二十四条第一款规定，未经省人民政府设立的指定通道入省境或者过省境的，由县级以上人民政府农业农村主管部门对运输人处以 5000 元以上 1 万元以下罚款，情节严重的，处以 1 万元以上 5 万元以下罚款；未向指定通道所在地依法设立的检查站申报检查的，由县级以上人民政府农业农村主管部门责令改正，处以 3000 元以上 3 万元以下罚款。

本条规定了违规进入省境或过省境，以及未向指定通道所在地检查站报检的法律责任。

原《条例》的第三十九条拆分为本《条例》的第三十六条、第三十七条。本条修订共三处。第一处是主管部门变更，由原来的"动物卫生监督机构"变为"县级以上人民政府农业农村主管部门"。该处修订主要是依据政府的机构改革和农业综合行政执法改革进行的。

第二处是处罚方式变更，原来是不加区分地处以罚款，现在是将违规进入省境或过省境的行为和未向指定通道所在地检查站报检的行为分开处罚，使处罚更具针对性。

第三处是罚款数额变更，原来只规定了"5000 元以上 5 万元以下"一种罚款幅度，现在将违规进入省境或过省境的行为和未向指定通道所在地检查站报检的行为分开处罚，并设置不同的罚款幅度。违规进入省境或过省境的，"处以 5000 元以上 1 万元以下罚款，情节严重的，处以 1 万元以上 5 万元以下罚款"；未向指定通道所在地检查站报检的，"责令改正并处以 3000 元以上 3 万元以下罚款"。根据不同行为和情节轻重设置不同的罚款幅度，坚持科学立法原则，保证了立法质量。

一、责任主体

本条的责任主体有两个，一是违规进入省境或过省境的运输人，包括承运人和自行运输货物的货主；二是未向指定通道所在地检查站报检的组织和个人。

二、承担法律责任的违法行为

本条规定的违法行为有两类，一是违反跨省道路运输动物的规定，未经省人民政府设立的指定通道入省境或者过省境的行为；二是违反跨省道路运输动物的规定，未向指定通道所在地依法设立的检查站申报检查的行为。

三、法律责任

上述第一类违法行为由县级以上人民政府农业农村主管部门直接处以罚款，根据情节轻重设置不同的罚款幅度，情节一般的，在5000元以上1万元以下的幅度范围内处以罚款；情节严重的，在1万元以上5万元以下的幅度范围内处以罚款。"情节严重"一般是指违规入省境或者过省境的动物数量较大，逃避监管的主观恶性较强，以及有多次此类违法行为和造成动物疫病扩散传播等情形。针对情节严重的相关处罚，《贵州省农业农村厅关于印发〈贵州省农业行政处罚自由裁量权基准（试行）〉的通知》（黔农发〔2021〕36号）明确，二次违反本条（违法程度：一般），处以1万元以上3万元以下罚款；三次违反本条（违法程度：严重），处以3万元以上5万元以下罚款。第二类违法行为由县级以上人民政府农业农村主管部门责令改正，同时在3000元至3万元的幅度内处以罚款。

四、修订依据

《动物防疫法》第一百零二条规定："违反本法规定，通过道路跨省、自治区、直辖市运输动物，未经省、自治区、直辖市人民政府设立的指定通道入省境或者过省境的，由县级以上地方人民政府农业农村主管部门对运输人处五千元以上一万元以下罚款；情节严重的，处一万元以上五万元以下罚款。"

第三十七条　违反本条例第二十四条第二款规定的，由县级以上人民政府农业农村主管部门责令改正，处以 5000 元以上 3 万元以下罚款。

本条规定了违规接收未经查验输入本省的动物的法律责任。

原《条例》的第三十九条拆分成为本《条例》的第三十六条、第三十七条。本条修订共三处。第一处是主管部门变更，由原来的"动物卫生监督机构"变为"县级以上人民政府农业农村主管部门"。该处修订主要是依据政府的机构改革和农业综合行政执法改革进行的。

第二处是处罚方式变更，原来是直接处以罚款，现在是"责令改正并处罚款"。虽然直接罚款也暗含着要求当事人加以改正的意思，但语意不够明晰，容易产生歧义，本次修订增加"责令改正"，使表述更加严谨，避免产生歧义。

第三处是罚款数额变更，罚款幅度由原来的"5000 元以上 5 万元以下"变更为"5000 元以上 3 万元以下"。原《条例》将三种行为规定为一种罚款幅度，存在处罚轻重不相适应的问题，本次修订将这三种行为予以拆分，并辅以不同的处罚幅度，法条设置更为合理。

一、责任主体

本条的责任主体是动物生产经营主体，即从事动物饲养、屠宰、经营、隔离、运输等活动的单位和个人。

二、承担法律责任的违法行为

本条规定的违法行为是指接收未经指定通道所在地依法设立的检查站检查或者经检查不合格而输入本省的动物的行为。通过处罚接收者的行为促使运输人在跨省调运动物时通过设立的指定通道入境或过境，更好地实现动物防疫监管目的。

三、法律责任

上述违法行为由县级以上人民政府农业农村主管部门采取"行政命令＋罚款"的形式，依法作出责令改正的命令并在 5000 元以上 3 万元以下的幅度范围内处以罚款。

四、修订依据

《动物防疫法》第一百零二条规定："违反本法规定，通过道路跨省、自治区、直辖市运输动物，未经省、自治区、直辖市人民政府设立的指定通道入省境或者过省境的，由县级以上地方人民政府农业农村主管部门对运输人处五千元以上一万元以下罚款；情节严重的，处一万元以上五万元以下罚款。"

第三十八条　违反本条例第二十五条规定，跨省引进的种用、乳用动物到达输入地后，未按照规定对跨省引进的种用、乳用动物进行隔离观察的，由县级以上人民政府农业农村主管部门责令改正，处以 3000 元以上 3 万元以下罚款；情节严重的，责令停业整顿，并处以 3 万元以上 10 万元以下罚款。

本条规定了未按规定对跨省引进的种用、乳用动物进行隔离观察的法律责任。

本条进行了较大范围的修订，是对第三十六条和第三十七条的特别规定，修订内容主要有四处。第一处是规范对象变更，之前规范的是"跨省引进用于饲养的非乳用、非种用动物"，而现在规范的是"跨省引进的种用、乳用动物"，种用动物和乳用动物饲养周期长，传播动物疫病的风险高于一般畜禽，因此是动物防疫的重点监管对象。

第二处是主管部门变更，由原来的"动物卫生监督机构"变为"县级以上人民政府农业农村主管部门"。该处修订主要是依据政府的机构改革和农业综合行政执法改革进行的。

第三处是防疫措施变更，由原来的"24 小时内报告并接受监督检查"变更为"隔离观察并在 24 小时内报告"。本次修订采用了更为严格的防疫措施,对引进的动物进行落地隔离观察,更有利于防范在潜伏期内没有表现出相应临床症状的乳用、种用动物可能引发的长距离动物疫病传播。

第四处是处罚方式和罚款数额变更,之前只有一种处罚幅度,即"处以 500 元以上 2000 元以下罚款",现在按照情节轻重设置不同处罚,情节一般的,责令改正,处以 3000 元以上 3 万元以下罚款;情节严重的,责令停业整顿,并处以 3 万元以上 10 万元以下罚款。

一、责任主体

本条的责任主体是跨省引进的种用、乳用动物的货主,包括所有人和管理人。

二、承担法律责任的违法行为

本条规定的违法行为是指跨省引进的种用、乳用动物到达输入地后,负有义务的主体没有采取相应隔离观察措施的行为。

三、法律责任

上述违法行为情节一般的,由县级以上人民政府农业农村主管部门责令改正,同时在 3000 元以上 3 万元以下的幅度范围内处以罚款;情节严重的,责令停业整顿,同时在 3 万元以上 10 万元以下的幅度范围内处以罚款。"情节严重"一般是指未采取隔离观察措施的跨省引进种用、乳用动物数量较大;或者逃避监管的主观恶性较强,有多次此类违法行为;以及引发动物疫病或造成动物疫病传播扩散,影响动物疫情溯源处置等情形。《贵州省农业农村厅关于印发〈贵州省农业行政处罚自由裁量权基准(试行)〉的通知》(黔农发〔2021〕36 号)明确,二次违反本条或造成一般危害后果的,责令停业整顿,并处以 3 万元以上 6 万元以下罚款;三次违反本条或造成严重危害后果的,责令停业整顿,并处以 6 万元以上 10 万元以下罚款。

针对本条提及的违法行为,行业主管部门如何规范使用停业整顿处罚措施,以及货主如何操作以达到整顿目的,都没有权威解答或成熟经验可依凭。是要求货主在规定期限内不得跨省引进种用、乳用动物,还是要求货主暂停养殖场内生产经营活动……这些问题都亟待权威解答,不过编者倾向于对确属情节严重的行为,要求货主立即对已引进的种用、乳用动物进行隔离观察并在规定期限内不得跨省引进种用、乳用动物,整顿期限可参考国家关于引进种用、乳用动物的最低隔离观察期限。

四、修订依据

《动物防疫法》第九十八条规定:"违反本法规定,有下列行为之一的,由县级以上地方人民政府农业农村主管部门责令改正,处三千元以上三万元以下罚款;情节严重的,责令停业整顿,并处三万元以上十万元以下罚款:

"…………

"(六)跨省、自治区、直辖市引进种用、乳用动物到达输入地后未按照规定进行隔离观察的;

"…………"

第三十九条 违反本条例第二十六条第三款规定,擅自将屠宰厂(场、点)内的动物外运出场的,由县级以上人民政府农业农村主管部门责令改正,处以 2000 元以上 2 万元以下罚款。

本条规定了将屠宰厂(场、点)内的动物外运出场的法律责任。

本条为新增,与本《条例》新增的第二十六条第三款配套处罚。本条是根据贵州实际情况设置的。长期以来,贵州省畜禽养殖规模化程度相对较低,难以形成统一的标准化管理制度,在新病、外来病不断增多的背景下,屠宰厂(场、点)等场所主体的责任如果落实不到位,将削弱整个动物防疫体系的工作成效,给动物疫病防控工作带来极大的风险隐患。事实上,屠宰厂(场、点)将动物外运出场的行为屡见不鲜，单纯依靠本《条例》第二十六条作出政策性规定，而不加以处罚，难以达到惩戒效果。因此，本条增加了屠宰厂（场、点）的责任，对违规将屠宰厂（场、点）内的动物外运出场的行为进行处罚，更有利于将动物控制在一定范围内，便于动物防疫工作的开展，可有效控制疫病传播，保障公共卫生安全。

一、责任主体

本条的责任主体是违规将已经运达屠宰厂（场、点）内的动物外运出场的组织和个人。

二、承担法律责任的违法行为

本条规定的违法行为是指擅自将已经运达屠宰厂（场、点）内的动物外运出场的行为，但并非所有将已经运达的动物外运出屠宰厂（场、点）的行为都要被处罚，为了增加《条例》可操作性，更好适用于实际运行，如果国家有外运的例外规定，可遵照国家有关规定进行，此时的外运行为不会被处罚。

三、法律责任

上述违法行为由县级以上人民政府农业农村主管部门采取"行政命令＋罚款"的形式，依法作出责令改正并处罚款的处罚。县级以上人民政府农业农村主管部门在执行行政监督检查的过程中，如发现上述将已经运达屠宰厂（场、点）内的动物违规外运出场的违法行为，应当责令违法行为人立即纠正其违法行为，将已经外运出场的动物追回并不再将已经运达屠宰厂（场、点）内的动物外运出场，违法行为人在接到行政命令后必须立即执行。为处罚其之前将已经运达屠宰厂（场、点）内的动物外运出场的行为，还应当在 2000 元以上 2 万元以下的幅度范围内对违法行为人进行罚款。

第四十条　违反本条例第二十七条规定的，由县级以上人民政府农业农村主管部门、市场监督管理部门依据各自职责，责令改正；拒不改正的，处以 5000 元以上 2 万元以下罚款。

本条规定了违反入场动物、动物产品查验规定的法律责任。

本条为新增，与本《条例》新增的第二十七条配套处罚。本条是根据贵州省的实际情况设置的。长期以来，动物养殖、动物产品经营者缺乏防疫主体责任意识，一些经营者将动物防疫工作片面理解为政府责任，消极执行防疫措施。为强化屠宰厂（场、点）、交易市场、冷冻动物产品贮藏等场所经营者的责任，解决实践中屠宰厂（场、点）等场所主体责任落实不到位的情况，特设置本条款，以压实经营者的主体责任，完善动物防疫体系，切实推动防疫工作的顺利开展。

一、责任主体

本条的责任主体为屠宰厂（场、点）、交易市场、冷冻动物产品贮藏等场所经营者。

二、承担法律责任的违法行为

本条规定的违法行为是指未按规定对入场动物、动物产品进行查验合格就放入场的行为。

三、法律责任

上述违法行为由县级以上人民政府农业农村主管部门、市场监督管理部门在各自职责范围内作出处理，具体处罚分层级进行。一是责令改正，县级以上人民政府农业农村主管部门、市场监督管理部门在执行监督检查过程中，如发现上述未经查验放入场的违法行为，应当责令生产经营单位改正其违法行为，相关主体应当在收到行政命令后立即纠正。二是罚款，对拒不改正违法行为的主体，在 5000 元以上 2 万元以下的幅度范围内处以罚款。适用罚款处罚的前提是违法行为人拒绝履行农业农村主管部门、市场监督管理部门作出的责令改正命令，如果违法行为人已经完成了整改命令，纠正了违法行为，就不能再实施罚款处罚。

四、修订依据

《动物防疫法》第一百条规定："违反本法规定，屠宰、经营、运输的动物未附有检疫证明，经营和运输的动物产品未附有检疫证明、检疫标志的，由县级以上地方人民政府农业农村主管部门责令改正，处同类检疫合格动物、动物产品货值金额一倍以下罚款；对货主以外的承运人处运输费用三倍以上五倍以下罚款，情节严重的，处五倍以上十倍以下罚款。

"违反本法规定，用于科研、展示、演出和比赛等非食用性利用的动物未附有检疫证明的，由县级以上地方人民政府农业农村主管部门责令改正，处三千元以上一万元以下罚款。"

第四十一条　违反本条例第三十二条规定的，由县级以上人民政府农业农村主管部门责令改正，处以 3000 元以上 3 万元以下罚款。

本条规定了藏匿、转移、盗挖已被控制的动物、动物产品和为涉疫及死因不明的动物、动物产品利用提供条件的法律责任。

本条修订共四处。第一处是适用条件变更，原来处罚的是"为染疫、疑似染疫、病死和死因不明的动物、动物产品提供加工设备、运载工具、贮藏场所的"的行为，现在处罚的行为多了一种，包括之前的行为和"藏匿、转移、盗挖已被依法隔离、封存、扣押、处理的动物和动物产品"的行为。该处修订是为了与上位法保持一致。

第二处是主管部门变更，由原来的"动物卫生监督机构"变更为"县级以上人民政府农业农村主管部门"。该处修订主要是依据政府的机构改革和农业综合行政执法改革进行的。

第三处是处罚方式变更，原来的处罚是"责令改正，没收违法所得，并处以罚款"，现在是"责令改正并处以罚款"，删除了"没收违法所得"。该处修订主要是为了与上位法保持一致。

第四处是罚款数额变更，由原来的"2000 元以上 2 万元以下"变更为"3000元以上3万元以下",加大了罚款力度,与上位法保持一致,符合当前的经济社会发展水平。

一、责任主体

本条的责任主体是违反本《条例》第三十二条规定的组织和个人,主要包括两类,一是藏匿、转移、盗挖已被依法隔离、封存、扣押、处理的动物和动物产品的组织和个人;二是为染疫、疑似染疫、病死、死因不明的动物或者动物产品提供工具和场所等辅助性帮助的组织和个人。

二、承担法律责任的违法行为

本条规定的违法行为有两类,一是藏匿、转移、盗挖已被依法隔离、封存、扣押、处理的动物和动物产品的行为。藏匿,主要指为逃避依法采取的查封、扣押等措施而将涉及的动物和动物产品隐藏起来的行为;转移,主要指为逃避依法采取的查封、扣押等措施而将涉及的动物和动物产品从原来的位置移到其他地方的行为;盗掘,主要指擅自违规挖掘已被掩埋处理的部分或者全部动物及其产品。二是为染疫、疑似染疫、病死、死因不明的动物或者动物产品提供加工设备、运载工具、贮藏场所等辅助性帮助的行为。

三、法律责任

上述两类违法行为均由县级以上人民政府农业农村主管部门采用"行政命令＋罚款"的形式,依法作出责令改正的命令,同时在3000元以上3万元以下的幅度范围内处以罚款。《贵州省农业农村厅关于印发〈贵州省农业行政处罚自由裁量权基准(试行)〉的通知》(黔农发〔2021〕36号)明确,初次违反本条,处3000元以上1.15万元以下罚款;二次违反本条,处以1.15万元以上1.95万元以下罚款;三次违反本条或情节严重的,处以1.95万元以上3万元以下罚款。

四、修订依据

《动物防疫法》第一百零四条规定:"违反本法规定,有下列行为之一的，由县级以上地方人民政府农业农村主管部门责令改正，处三千元以上三万元以下罚款：

"⋯⋯⋯⋯

"（三）藏匿、转移、盗掘已被依法隔离、封存、处理的动物和动物产品的。"

第四十二条　各级人民政府及其工作人员未依照本条例规定履行职责的，对直接负责的主管人员和其他直接责任人员依法给予处分。

本条规定了政府及其工作人员未按规定履行职责的法律责任。

本条修订共四处。第一处是参照上位法调整法条表述，使表述更为精简准确，将原来的"各级人民政府、有关行政主管部门及其工作人员"改为"各级人民政府及其工作人员"。需要说明的是，这里所说的各级人民政府不仅是指政府本身，还包括农业农村、卫生健康、市场监管、林业、公安、交通运输等所有承担动物防疫工作职能的政府部门（机构）。

第二处是处罚行为变更，处罚行为由原来的"在动物防疫工作中滥用职权、玩忽职守、徇私舞弊，尚不构成犯罪的"行为改为"未依照本条例规定履行职责的"行为。原《条例》通过行为限定处罚的方式存在一定的局限性，此次修订将处罚行为改为"未依照本条例规定履行职责的"行为，使表述更为准确全面。将之前通过行为限定处罚改为通过主体限定处罚，使法律责任更为明确。

第三处是处罚对象变更，原《条例》规定的是所有工作人员，没有任何限定，现在改为"直接负责的主管人员和其他直接责任人员"。由之前的通过行为限定处罚变为现在的通过主体限定处罚，责任主体更为明确，权责明晰更有利于动物防疫工作的进行。直接负责的主管人员一般指单位分管负责人，其他直接责任人则是指具体负责人。

第四处是调整处分范围，由原来的"依法给予行政处分"变为

"依法给予处分"。

一、责任主体

本条的责任主体是各级人民政府及其工作人员，具体是指未按照本《条例》规定履行相应职责的直接责任人员和直接负责的主管人员。直接负责的主管人员是指具体分管动物防疫工作的单位领导人员，其他直接责任人员是指负责落实动物防疫相关工作的人员。

二、承担法律责任的违法行为

本条规定的违法行为是指未履行本《条例》规定的职责或者未完全履行相应职责的行为。

三、法律责任

对上述违法行为依法给予处分。处分主要指行政处分，种类包括警告、记过、记大过、降级、撤职、开除。《中华人民共和国公职人员政务处分法》第三十九条对实施处分的六种情形按轻重程度进行了具体规定，不履行或者不正确履行职责，玩忽职守，贻误工作，造成不良后果或者影响的，予以警告、记过或者记大过；情节较重的，予以降级或者撤职；情节严重的，予以开除。"依法给予处分"是指实施处分的主体按照《中华人民共和国公务员法》《中华人民共和国行政监察法》《中华人民共和国公职人员政务处分法》《行政机关公务员处分条例》等法律法规规定的权限进行处分。由于未按本《条例》规定履行职责的情形较为宽泛，严重程度也差异较大，在本条中只作概括性表述，具体的处分类型根据违法行为情节的轻重和相关法律法规的规定予以确定。

四、修订依据

《动物防疫法》第八十七条规定："地方各级人民政府及其工作人员未依照本法规定履行职责的，对直接负责的主管人员和其他直接责任人员依法给予处分。"

第四十三条 违反本条例规定的其他行为，法律、法规有处罚规定的，从其规定。

本条是关于法律责任的兜底性条款。

除了本《条例》规定了法律责任的违法行为以外，其他违反本《条例》规定的行为，且法律法规对这些行为有处罚规定的，按照相应规定处罚。

本《条例》作为省级地方性法规，需要与当地的发展水平和实际情况相适应，动物防疫工作的具体措施、具体办法也因区域的差异而存在很多不同，反映到地方性法规层面也需要作出相应的调整，以适应不同地区经济社会发展的情况。另一方面，为维护国家法治统一，地方性法规必须在与上位法保持一致的前提下进行细化和具体化，原则上来说地方性法规条文应当尽量规定得详细，提高实用性和可操作性，但由于现实原因难以规定得非常详细，并且其他法律、法规中已有的规定能够解决相关问题，也可以不作具体规定。

第六章　附则

本章共两条，对进出境动物、动物产品的检疫，水生动物防疫工作的主管部门，以及本《条例》的施行时间作了规定。

第四十四条　进出境动物、动物产品的检疫，依照有关进出境动物检疫法律、法规的规定执行。

水生动物防疫工作由县级以上人民政府渔业主管部门按照国家有关规定执行。

本条是关于特殊情况下的指引规定。

本条对进出境动物、动物产品和水生动物两类特殊动物及其产品的防疫工作作出指引性规定。进出境动物、动物产品和水生动物与普通动物在防疫管理上存在一定差异，普通的防疫措施在很多情况下不能直接适用，需要按照特殊的规定执行，因此在本条中作出指引性规定，以避免本《条例》与相关法律法规发生冲突。需要强调的是，进出境动物、动物产品在贵州省内的相关生产经营活动，如养殖场、屠宰场所的动物防疫条件许可，省内运输的主体和车辆备案、运输活动物规范和运抵后隔离观察等，仍适用本《条例》相关规定。

第四十五条　本条例自 2022 年 9 月 1 日起施行。

本条是关于施行日期的规定。

法律施行日期是指法律开始发挥效力的时间。法律从何时开始生效，一般根据该项法律的性质和实际需要来决定。通常有三种方式：第一种是法律条文中明确规定，自其公布之日起生效施行；第二种是法律公布后，并不立即生效施行，经过一定时期后才开始施行，法律中明确规定生效的施行日期。这种直接规定具体日期的方式，是目前我国立法实践通常的做法；第三种是法律公布后先予以试行或者暂行，而后由立法部门加以补充修订，再通过为正式法律，公布施行，在试行期间也具有约束力。

本《条例》关于施行日期的规定采用第二种方式，即在法规公布时确定生效日期。

本《条例》2022 年 5 月 25 日由贵州省第十三届人民代表大会常务委员会第三十二次会议通过，自 2022 年 9 月 1 日起施行，中间预留了约 4 个月的过渡期，主要基于两方面的因素：一是《条例》修改较多，正式实施前应留出一定的时间进行宣传动员，以便有关单位和人员充分掌握法规要义，主动守法、更好执法，尽量避免法律理解与执行过程中出现偏差；二是参考《动物防疫法》从发布到施行也预留了约 4 个月的过渡期。

第二部分 附录

附录一　法规文本及相关立法文件

贵州省动物防疫条例

（2017年11月30日贵州省第十二届人民代表大会常务委员会第三十二次会议通过 2022年5月25日贵州省第十三届人民代表大会常务委员会第三十二次会议修订）

目　录

第一章　总则

第一条　为了预防、控制、净化和消灭动物疫病，促进养殖业健康发展，防控人畜共患传染病，保护人体健康，维护公共卫生安全，根据《中华人民共和国动物防疫法》和有关法律、法规的规定，结合本省实际，制定了本条例。

第二条　本条例适用于本省行政区域内的动物防疫及其监督管理活动。

第三条 本条例所称动物,是指家畜家禽和人工饲养、捕获的其他动物。

本条例所称动物产品,是指动物的肉、生皮、原毛、绒、脏器、脂、血液、精液、卵、胚胎、骨、蹄、头、角、筋以及可能传播动物疫病的奶、蛋等。

本条例所称动物疫病,是指动物传染病,包括寄生虫病。

本条例所称动物防疫,是指动物疫病的预防、控制、诊疗、净化、消灭和动物、动物产品的检疫,以及病死动物、病害动物产品的无害化处理。

第四条 县级以上人民政府应当将动物防疫工作纳入国民经济和社会发展规划,制定并组织实施动物疫病防治规划,将动物防疫经费纳入同级财政预算。加强动物防疫机构队伍和基础设施建设,完善动物疫情应急预案,做好动物防疫物资的应急储备和保障供给工作。

第五条 乡镇人民政府、街道办事处根据动物防疫工作需要配备专职动物防疫管理人员,主要承担以下动物疫病预防与控制职责:

(一)组织本辖区内饲养动物的单位和个人做好强制免疫,协助县级以上人民政府农业农村主管部门做好监督检查工作;

(二)组织协调居民委员会、村民委员会,做好本辖区流浪犬、猫的控制和处置,防止疫病传播;

(三)结合本地实际,做好农村地区饲养犬只的防疫管理工作;

(四)发生三类动物疫病时,按照国务院农业农村主管部门的规定组织防治;

(五)对在城市公共场所和乡村发现的死亡畜禽,负责组织收集、处理并溯源;

(六)动物防疫相关法律法规规定的其他职责。

村民委员会、居民委员会应当协助做好本辖区内的动物防疫工作,引导村民、居民依法履行动物防疫义务。

第六条　县级以上人民政府农业农村主管部门负责本行政区域内的动物防疫工作。

县级以上人民政府监督改革、财政、公安、卫生健康、林业、市场监管、交通运输、生态环境、商务、城市管理等有关部门在各自职责范围内做好动物防疫工作。

第七条　县级以上人民政府动物卫生监督机构负责本行政区域内的动物、动物产品检疫工作，并承担动物防疫监督相关事务性、技术性工作。

县级以上人民政府动物疫病预防控制机构承担动物疫病的监测、检测、诊断、流行病学调查、疫情报告、重大疫情风险评估以及其他预防、控制等技术工作；承担动物疫病净化、消灭的技术工作。

县级人民政府农业农村主管部门可以根据动物防疫工作需要，向乡镇或者特定区域派驻兽医机构或者工作人员。

第八条　省人民政府组织制定基层动物防疫人才引进、培养以及生活待遇保障等制度，对长期在基层服务的动物防疫人员在聘用以及职称评审、晋升中予以政策倾斜。

第九条　鼓励和引导相关科研院校、动物诊疗机构以及其他企事业单位、社会组织等开展动物防疫社会化服务。

鼓励和支持社会资本参与动物防疫基础设施建设。

鼓励和支持大型的动物饲养场建立生物安全隔离区。

鼓励和支持饲养动物的单位和个人参加养殖业保险。

第二章　动物疫病的预防、控制、净化和消灭

第十条　对严重危害养殖业生产和人体健康的动物疫病实施强制免疫。

省人民政府农业农村主管部门根据国家动物疫病强制免疫计划，制定全省动物疫病强制免疫计划，报省人民政府批准后执行，并报国

务院农业农村主管部门备案。

市州、县级人民政府农业农村主管部门根据省动物疫病强制免疫计划，制定和实施本行政区域的强制免疫实施方案。

乡镇人民政府、街道办事处组织本辖区内饲养动物的单位和个人做好强制免疫、消毒、畜禽标识加施等工作，协助做好监督检查；村民委员会、居民委员会协助做好相关工作。

第十一条　省人民政府农业农村主管部门制定全省动物疫病监测和流行病学调查计划。

市州、县级人民政府农业农村主管部门根据省动物疫病监测和流行病学调查计划，制定和实施本行政区域的动物疫病监测和流行病学调查方案。

动物疫病预防控制机构按照规定和动物疫病监测计划对动物疫病的发生、流行等情况进行监测和调查，从事动物饲养、屠宰、经营、隔离、运输以及动物产品生产、经营、加工、贮藏、无害化处理等活动的单位和个人不得拒绝或者阻碍。

第十二条　动物饲养场应当按照规定自行实施免疫、疫病检测等动物疫病预防工作，并定期向所在地县级人民政府动物疫病预防控制机构报告。

饲养动物的个人，不具备自行实施动物免疫条件的，应当主动配合乡镇人民政府、街道办事处做好集中强制免疫措施和疫病检测等动物疫病预防工作。

第十三条　种用、乳用动物应当符合国家规定的健康标准。

饲养种用、乳用动物的单位和个人，应当定期开展动物疫病和人畜共患传染病检测；不具备检测条件的，应当委托具备资质的机构进行检测。饲养种用、乳用动物的单位和个人应当定期向所在地县级人民政府动物疫病预防控制机构报告检测情况。

经监测或者检测的种用、乳用动物不合格的，应当按照国家有关规定予以处理。

第十四条　对饲养的犬只实行狂犬病强制免疫。饲养人应当定期携带犬只到所在地的动物疫病预防控制机构、动物诊疗机构或者乡镇人民政府指定的地点注射兽用狂犬疫苗，领取免疫证明。免疫证明由省人民政府农业农村主管部门监制。

饲养人凭免疫证明向所在地养犬登记机关申请登记，并领取犬牌。养犬登记机关由县级人民政府指定。

动物疫病预防控制机构、动物诊疗机构应当建立犬只免疫档案，鼓励有条件的市州运用大数据对免疫档案进行管理。

携带犬只出户的，应当按照规定为犬只佩戴犬牌并采取系犬绳等措施，防止犬只伤人、疫病传播。

第十五条　动物饲养场、活畜禽交易市场、动物隔离场、动物诊疗机构、屠宰厂（场、点）以及动物产品加工场所等应当建立健全动物防疫制度，配备清洗消毒设施设备，对场地、设施设备以及交通工具进行清洗、消毒。

活畜禽交易市场的开办者应当制定并实行定期清洗、消毒制度，按照有关规定对市场进行每日清洗、每周消毒。

活畜禽交易市场的开办者应当建立清洗、消毒档案，保存期限不得少于1年。

第十六条　县级以上人民政府农业农村、卫生健康和野生动物保护等主管部门应当建立人畜共患传染病联防联控机制，对易感动物和易感人群进行人畜共患传染病监测，定期通报监测结果；发生人畜共患传染病时，应当及时通报相关信息，并按照各自职责采取相应防控措施。

野生动物保护主管部门按照职责分工做好野生动物疫源疫病监测等工作，并定期互通情况，紧急情况及时上报。

第十七条　发生重大动物疫情时，县级以上人民政府应当依照法律和国务院的规定以及应急预案，采取封锁、扑杀、消毒、隔离、销毁、紧急免疫接种、无害化处理等措施，并做好动物产品市场监管等工作。

乡镇人民政府、街道办事处应当协助做好疫情处置工作。

重大动物疫情处置完毕后，县级以上人民政府农业农村主管部门应当组织有关专家进行疫情风险评估和损失评估，生态环境主管部门应当进行环境风险评估。对在动物疫病预防、控制、净化、消灭过程中强制扑杀的动物、销毁的动物产品和相关物品，县级以上人民政府按照国家有关规定给予合理补偿。

第十八条　省人民政府农业农村主管部门统一管理本省动物疫情信息，并根据国务院农业农村主管部门授权，公布本省动物疫情。其他单位和个人不得发布动物疫情。

第十九条　强制免疫后的动物，因发生疫情被强制扑杀的，按照国家有关规定给予补偿；因饲养者逃避、拒绝强制免疫或者未按照规定调运动物引发动物疫情的，动物被强制扑杀的损失以及处理费用，由饲养者承担。

第三章　动物和动物产品的检疫监督

第二十条　动物卫生监督机构负责对动物和动物产品实施检疫，实施检疫的人员应当为官方兽医。

动物卫生监督机构的官方兽医在执行动物防疫、检查任务时，应当出示工作证件。

第二十一条　屠宰、出售、运输动物以及出售、运输动物产品前，货主应当按照规定向所在地动物卫生监督机构或者其派驻机构申报检疫。

第二十二条　屠宰、经营、运输的动物，以及用于科研、教学、药用、展示、演出和比赛等非食用性利用的动物，应当附有检疫证明；

经营、运输的动物产品,应当附有检疫证明和检疫标志。

第二十三条　禁止屠宰、经营、运输应当加施而未加施畜禽标识的动物。

第二十四条　省人民政府确定并公布道路运输的动物进入本省的指定通道,设置符合道路交通安全相关技术规范的引导标志。跨省通过道路运输动物的,应当经省人民政府设立的指定通道入省境或者过省境,并向指定通道所在地依法设立的检查站申报检查。

从事动物饲养、屠宰、经营、隔离、运输等活动的单位和个人,不得接收未按照前款规定经过检查或者检查不合格的动物。

第二十五条　跨省引进的种用、乳用动物到达输入地后,货主应当按照规定对引进的种用、乳用动物进行隔离观察,并在 24 小时内向所在地县级人民政府动物卫生监督机构报告。

第二十六条　县级人民政府动物卫生监督机构对定点屠宰厂(场、点)派驻官方兽医,监督屠宰厂(场、点)做好动物防疫、无害化处理等工作。

屠宰厂(场、点)屠宰的动物应当经官方兽医查验合格。

除国家另有规定外,禁止将运达屠宰厂(场、点)内的动物外运出场。

第二十七条　屠宰厂(场、点)、交易市场、冷冻动物产品贮藏场所等的经营者,应当对入场动物、动物产品查验检疫证明、畜禽标识或者检疫标志。未经查验或者经查验不符合规定的动物、动物产品不得入场。

第二十八条　销售动物以及动物产品实行检疫证明明示制度,经营者应当将销售的动物以及动物产品检疫证明明示,接受社会监督。

第四章　病死动物和病害动物产品的无害化处理

第二十九条　市州、县级人民政府应当依据省人民政府制定的动物和动物产品集中无害化处理场所建设规划，按照统筹规划、合理布局的原则，制定无害化处理场所建设方案，建立健全无害化处理体系和机制，保障运行经费。

第三十条 实行病死动物集中无害化处理制度。动物饲养场、活畜禽交易市场、屠宰厂（场、点）、动物隔离场所应当配备与其规模相适应且符合环保要求的无害化处理设施设备，或者病死动物暂贮的冷藏冷冻设施设备。

第三十一条 从事动物饲养、屠宰、经营、隔离以及动物产品生产、经营、加工、贮藏等活动的单位和个人，应当按照国家有关规定做好病死动物、病害动物产品的无害化处理，或者委托动物和动物产品无害化处理场所处理。不具备无害化处理能力的，应当委托动物和动物产品无害化处理场所处理，处理费用由委托人按照规定承担。

任何单位和个人不得买卖、加工、随意弃置病死动物和病害动物产品。

从事无害化处理的单位和个人应当建立处理情况档案。

第三十二条 禁止藏匿、转移、盗挖已被依法隔离、封存、扣押、处理的动物和动物产品。

禁止为染疫、疑似染疫、病死、死因不明的动物或者动物产品提供加工设备、运载工具、贮藏场所。

第五章 法律责任

第三十三条 违反本条例第十五条第一款规定，未对场地、设施设备以及交通工具进行清洗、消毒的，由县级以上人民政府农业农村主管部门、市场监督管理部门依据各自职责责令限期改正，可处以200元以上1000元以下罚款；逾期不改正的，处以1000元以上5000元以下罚款。

第三十四条 违反本条例第十五条第二款、第三款规定，有下列行为之一的，由县级以上人民政府农业农村主管部门、市场监督管理部门依据各自职责责令改正，处以 3000 元以上 3 万元以下罚款；情节严重的，责令停业整顿，并处以 3 万元以上 10 万元以下罚款：

（一）未按照规定对市场进行清洗、消毒的；

（二）未建立清洗、消毒档案或者建立虚假清洗、消毒档案的。

第三十五条 违反本条例第二十三条规定的，由县级以上人民政府农业农村主管部门责令改正，可处以 200 元以上 2000 元以下罚款。

第三十六条 违反本条例第二十四条第一款规定，未经省人民政府设立的指定通道入省境或者过省境的，由县级以上人民政府农业农村主管部门对运输人处以 5000 元以上 1 万元以下罚款，情节严重的，处以 1 万元以上 5 万元以下罚款；未向指定通道所在地依法设立的检查站申报检查的，由县级以上人民政府农业农村主管部门责令改正，处以 3000 元以上 3 万元以下罚款。

第三十七条 违反本条例第二十四条第二款规定的，由县级以上人民政府农业农村主管部门责令改正，处以 5000 元以上 3 万元以下罚款。

第三十八条 违反本条例第二十五条规定，跨省引进的种用、乳用动物到达输入地后，未按照规定对跨省引进的种用、乳用动物进行隔离观察的，由县级以上人民政府农业农村主管部门责令改正，处以 3000 元以上 3 万元以下罚款；情节严重的，责令停业整顿，并处以 3 万元以上 10 万元以下罚款。

第三十九条 违反本条例第二十六条第三款规定，擅自将屠宰厂（场、点）内的动物外运出场的，由县级以上人民政府农业农村主管部门责令改正，处以 2000 元以上 2 万元以下罚款。

第四十条 违反本条例第二十七条规定的，由县级以上人民政府农业农村主管部门、市场监督管理部门依据各自职责，责令改正；拒不改正的，处以 5000 元以上 2 万元以下罚款。

第四十一条 违反本条例第三十二条规定的，由县级以上人民政府农业农村主管部门责令改正，处以 3000 元以上 3 万元以下罚款。

第四十二条 各级人民政府及其工作人员未依照本条例规定履行职责的，对直接负责的主管人员和其他直接责任人员依法给予处分。

第四十三条 违反本条例规定的其他行为，法律、法规有处罚规定的，从其规定。

第六章 附则

第四十四条 进出境动物、动物产品的检疫，依照有关进出境动物检疫法律、法规的规定执行。

水生动物防疫工作由县级以上人民政府渔业主管部门按照国家有关规定执行。

第四十五条 本条例自 2022 年 9 月 1 日起施行。

《贵州省动物防疫条例》修订前后对照稿

第一章　总则	第一章　总则
第一条　为了预防、控制和扑灭动物疫病，促进养殖业健康发展，保护人体健康，维护公共卫生安全，根据《中华人民共和国动物防疫法》等法律、法规的规定，结合本省实际，制定本条例。	第一条　为了预防、控制、**净化和消灭**动物疫病，促进养殖业健康发展，**防控人畜共患传染病**，保护人体健康，维护公共卫生安全，根据《中华人民共和国动物防疫法》和有关法律、法规的规定，结合本省实际，制定本条例。
第二条　本条例适用于本省行政区域内动物疫病的预防、控制、扑灭**和动物、动物产品的检疫**及其监督管理活动。	第二条　本条例适用于本省行政区域内**的动物防疫**及其监督管理活动。
	第三条　本条例所称动物，是指家畜家禽和人工饲养、捕获的其他动物。 　　本条例所称动物产品，是指动物的肉、生皮、原毛、绒、脏器、脂、血液、精液、卵、胚胎、骨、蹄、头、角、筋以及可能传播动物疫病的奶、蛋等。 　　本条例所称动物疫病，是指动物传染病，包括寄生虫病。 　　本条例所称动物防疫，是指动物疫病的预防、控制、诊疗、净化、消灭和动物、动物产品的检疫，以及病死动物、病害动物产品的无害化处理。

第三条　县级以上人民政府应当将动物防疫工作纳入国民经济和社会发展规划，制定并组织实施动物疫病防治规划，将动物防疫经费纳入同级财政预算。加强动物防疫机构队伍和基础设施建设，完善动物疫情应急预案，做好动物防疫物资的应急储备和保障供给工作。 乡镇人民政府、街道办事处（社区）应当配备动物防疫管理人员，按照职责组织做好本辖区内的动物防疫工作。 村民委员会、居民委员会应当配合做好本辖区内的动物防疫工作，引导村民、居民依法履行动物防疫义务。	第四条　县级以上人民政府应当将动物防疫工作纳入国民经济和社会发展规划，制定并组织实施动物疫病防治规划，将动物防疫经费纳入同级财政预算。加强动物防疫机构队伍和基础设施建设，完善动物疫情应急预案，做好动物防疫物资的应急储备和保障供给工作。
	第五条　乡镇人民政府、街道办事处根据动物防疫工作需要配备专职动物防疫管理人员，主要承担以下动物疫病预防与控制职责： （一）组织本辖区内饲养动物的单位和个人做好强制免疫，协助县级以上人民政府农业农村主管部门做好监督检查工作； （二）组织协调居民委员会、村民委员会，做好本辖区流浪犬、猫的控制和处置，防止疫病传播； （三）结合本地实际，做好农村地区饲养犬只的防疫管理工作；

	（四）发生三类动物疫病时，按照国务院农业农村主管部门的规定组织防治；
	（五）对在城市公共场所和乡村发现的死亡畜禽，负责组织收集、处理并溯源；
	（六）动物防疫相关法律法规定的其他职责。
	村民委员会、居民委员会应当协助做好本辖区内的动物防疫工作，引导村民、居民依法履行动物防疫义务。
第四条 县级以上人民政府**兽医**主管部门负责本行政区域内的动物防疫工作。 县级以上人民政府发展改革、财政、公安、卫生**计生**、林业、**食品药品**监管、交通运输、**环境保护**、**工商**、商务、城市管理等有关部门**按照**各自职责做好动物防疫**相关**工作。 **县级以上人民政府动物卫生监督机构负责本行政区域内的动物防疫监督管理及对动物、动物产品的检疫和执法等工作。** 县级以上人民政府动物疫病预防控制机构负责本行政区域内的动物疫病监测和流行病学调查，动物疫病实验室检测、诊断，重大动物疫情风险评估、预警预报及其他预防、控制等技术工作。	第六条 县级以上人民政府**农业农村**主管部门负责本行政区域内的动物防疫工作。 县级以上人民政府发展改革、财政、公安、卫生**健康**、林业、**市场**监管、交通运输、**生态环境**、商务、城市管理等有关部门**在**各自职责范围内做好动物防疫工作。

县级人民政府兽医主管部门可以根据动物防疫工作需要，向乡镇或者特定区域派驻动物卫生监督机构，负责辖区内动物及动物产品检疫监督工作。	
	第七条　县级以上人民政府动物卫生监督机构负责本行政区域内的动物、动物产品检疫工作，并承担动物防疫监督相关事务性、技术性工作。 　县级以上人民政府动物疫病预防控制机构承担动物疫病的监测、检测、诊断、流行病学调查、疫情报告、重大疫情风险评估以及其他预防、控制等技术工作；承担动物疫病净化、消灭的技术工作。 　县级人民政府农业农村主管部门可以根据动物防疫工作需要，向乡镇或者特定区域派驻兽医机构或者工作人员。
	第八条　省人民政府组织制定基层动物防疫人才引进、培养以及生活待遇保障等制度，对长期在基层服务的动物防疫人员在聘用以及职称评审、晋升中予以政策倾斜。
第五条　鼓励和引导**动物防疫企业和组织**开展动物防疫社会化服务。 　鼓励和支持社会资本参与动物防疫基础设施建设。 　鼓励和支持大型动物饲养场建立生物安全隔离区。	第九条　鼓励和引导**相关科研院校、动物诊疗机构以及其他企事业单位、社会组织等**开展动物防疫社会化服务。 　鼓励和支持社会资本参与动物防疫基础设施建设。

鼓励和支持动物饲养单位和个人参加养殖业保险。	鼓励和支持大型**的**动物饲养场建立生物安全隔离区。 鼓励和支持饲养动物**的**单位和个人参加养殖业保险。
第二章　动物疫病的预防、控制**和扑灭**	第二章　动物疫病的预防、控制、**净化和消灭**
第六条　动物疫病的预防依法实行强制免疫和追溯管理。	
第七条　省人民政府**兽医**主管部门根据国家动物疫病强制免疫计划，制定**本行政区域的**动物疫病强制免疫计划。 市州、县级人民政府**兽医**主管部门根据省动物疫病强制免疫计划制定和实施本行政区域的强制免疫实施方案。 乡镇人民政府、街道办事处（**社区**）负责组织本辖区内饲养动物的单位和个人做好强制免疫、消毒、畜禽标识加施等工作。	第十条　**对严重危害养殖业生产和人体健康的动物疫病实施强制免疫。** 省人民政府**农业农村**主管部门根据国家动物疫病强制免疫计划，制定**全省**动物疫病强制免疫计划，**报省人民政府批准后执行，并报国务院农业农村主管部门备案。** 市州、县级人民政府**农业农村**主管部门根据省动物疫病强制免疫计划，制定和实施本行政区域的强制免疫实施方案。 乡镇人民政府、街道办事处组织本辖区内饲养动物的单位和个人做好强制免疫、消毒、畜禽标识加施等工作，**协助做好监督检查；村民委员会、居民委员会协助做好相关工作。**
第八条　省人民政府**兽医**主管部门**应当**制定动物疫病监测和流行病学调查计划。市州、县级人民政府**兽医**主管部门**应当**根据省动物疫病监测和流行病学调查计划，制定本行政区域	第十一条　省人民政府**农业农村**主管部门制定**全省**动物疫病监测和流行病学调查计划。 市州、县级人民政府**农业农村**主管部门根据省动物疫病监测和流行病

的动物疫病监测和流行病学调查方案。 　　动物疫病预防控制机构按照**县级以上人民政府兽医主管部门的**规定，对动物疫病的发生、流行等情况进行监测和调查，从事动物饲养、屠宰、经营、隔离、运输以及动物产品生产、经营、加工、贮藏等活动的单位和个人不得拒绝或者阻碍。	学调查计划，制定**和实施**本行政区域的动物疫病监测和流行病学调查方案。 　　动物疫病预防控制机构按照**规定和动物疫病监测计划**对动物疫病的发生、流行等情况进行监测和调查，从事动物饲养、屠宰、经营、隔离、运输以及动物产品生产、经营、加工、贮藏、**无害化处理**等活动的单位和个人不得拒绝或者阻碍。
第九条　动物饲养场、**养殖小区应当建立动物防疫制度，配备兽医人员，**自行实施免疫、疫病检测**和净化**等动物疫病预防工作，并定期向所在地县级人民政府动物疫病预防控制机构报告。	第十二条　动物饲养场应当按照规定自行实施免疫、疫病检测等动物疫病预防工作，并定期向所在地县级人民政府动物疫病预防控制机构报告。 　　**饲养动物的个人，不具备自行实施动物免疫条件的，应当主动配合乡镇人民政府、街道办事处做好集中强制免疫措施和疫病检测等动物疫病预防工作。**
第十条　**用于生产、经营的种用**和乳用动物应当**达到**国家规定的健康标准，**定期接受动物疫病预防控制机构的检测。** 　　**具备检测条件的动物饲养场，**应当定期**对饲养动物开展重大**动物疫病和人畜共患传染病检测；不具备检测条件的**动物饲养场，**应当委托具备资质的机构进行检测。**动物饲养场**应当定期向所在地县级人民政府动物疫病预防控制机构报告检测情况。	第十三条　种用、乳用动物应当符合国家规定的健康标准。 　　**饲养种用、乳用动物的单位和个人，**应当定期**开展**动物疫病和人畜共患传染病检测；不具备检测条件的，应当委托具备资质的机构进行检测。**饲养种用、乳用动物的单位和个人**应当定期向所在地县级人民政府动物疫病预防控制机构报告检测情况。 　　**经监测或者检测的种用、乳用动物不合格的，应当按照国家有关规定**

禁止经营未经结核病和布鲁氏菌病检测或者检测不合格的乳用动物及其产品。	予以处理。
第十一条 对**在城乡饲养的犬实行狂犬病强制免疫，饲养人应当定期携带犬到所在地的动物疫病预防控制机构、动物诊疗机构或者乡镇人民政府指定的地点注射兽用狂犬疫苗，领取免疫证明。饲养人不得携带未经免疫的犬在户外活动。**	第十四条 对饲养的犬只**实行狂犬病强制免疫。饲养人应当定期携带犬只到所在地的动物疫病预防控制机构、动物诊疗机构或者乡镇人民政府指定的地点注射兽用狂犬疫苗，领取免疫证明。免疫证明由省人民政府农业农村主管部门监制。** **饲养人凭免疫证明向所在地养犬登记机关申请登记，并领取犬牌。养犬登记机关由县级人民政府指定。** **动物疫病预防控制机构、动物诊疗机构应当建立犬只免疫档案，鼓励有条件的市州运用大数据对免疫档案进行管理。** **携带犬只出户的，应当按照规定为犬只佩戴犬牌并采取系犬绳等措施，防止犬只伤人、疫病传播。**
第十二条 动物饲养场、活畜禽交易市场（**交易点**）、动物隔离场、动物诊疗机构、屠宰厂（场、点）以及动物产品加工等场所应当建立健全动物防疫制度，配备消毒设施，对场地、设施及交通工具进行清洗**和**消毒。 活畜禽交易市场（**交易点**）的开办者应当制定并实行定期**休市**、消毒制度，按照有关规定对市场（**交易点**）进行每日清洗、每周消毒，**每月至少**	第十五条 动物饲养场、活畜禽交易市场、动物隔离场、动物诊疗机构、屠宰厂（场、点）以及动物产品加工场所等应当建立健全动物防疫制度，配备清洗消毒设施**设备**，对场地、设施**设备以**及交通工具进行清洗、消毒。 活畜禽交易市场的开办者应当制定并实行定期**清洗**、消毒制度，按照有关规定对市场进行每日清洗、每周消毒。

休市 1 日。	活畜禽交易市场的开办者应当建立清洗、消毒档案,保存期限不得少于 1 年。
第十三条 县级以上人民政府**兽医**主管部门和卫生计生主管部门应当建立人畜共患传染病联防联控机制,对易感动物和易感人群进行人畜共患传染病监测,定期通报监测结果;发生人畜共患传染病时,应当及时通报相关信息,并按照各自职责采取相应防控措施。	第十六条 县级以上人民政府**农业农村、卫生健康和野生动物保护等**主管部门应当建立人畜共患传染病联防联控机制,对易感动物和易感人群进行人畜共患传染病监测,定期通报监测结果;发生人畜共患传染病时,应当及时通报相关信息,并按照各自职责采取相应防控措施。 **野生动物保护主管部门按照职责分工做好野生动物疫源疫病监测等工作,并定期互通情况,紧急情况及时上报。**
第十四条 发生重大动物疫情时,县级以上人民政府应当**根据**应急预案采取封锁、扑杀、消毒、隔离、销毁、紧急免疫接种、无害化处理等措施,并做好动物产品市场监管等工作。 乡镇人民政府、街道办事处(**社区**)应当协助做好疫情处置工作。 重大动物疫情处置完毕后,县级以上人民政府**兽医**主管部门应当组织有关专家进行疫情风险评估和损失评估,**环境保护**主管部门应当进行环境风险评估。	第十七条 发生重大动物疫情时,县级以上人民政府应当**依照法律和国务院的规定以及**应急预案,采取封锁、扑杀、消毒、隔离、销毁、紧急免疫接种、无害化处理等措施,并做好动物产品市场监管等工作。 乡镇人民政府、街道办事处应当协助做好疫情处置工作。 重大动物疫情处置完毕后,县级以上人民政府**农业农村**主管部门应当组织有关专家进行疫情风险评估和损失评估,**生态环境**主管部门应当进行环境风险评估。**对在动物疫病预防、控制、净化、消灭过程中强制扑杀的动物、销毁的动物产品和相关物品,县**

	级以上人民政府按照国家有关规定给予合理补偿。
第十五条 省人民政府**兽医**主管部门统一管理本省动物疫情信息，并根据国务院**兽医**主管部门授权，公布本省动物疫情。其他单位和个人不得发布动物疫情。	第十八条 省人民政府**农业农村**主管部门统一管理本省动物疫情信息，并根据国务院**农业农村**主管部门授权，公布本省动物疫情。其他单位和个人不得发布动物疫情。
第十六条 强制免疫后的动物，因发生疫情被强制扑杀的，按照国家有关规定给予补偿；因饲养者逃避、拒绝强制免疫或者未按照规定调运动物引发动物疫情的，动物被强制扑杀的损失以及处理费用，由饲养者承担。	第十九条 强制免疫后的动物，因发生疫情被强制扑杀的，按照国家有关规定给予补偿；因饲养者逃避、拒绝强制免疫或者未按照规定调运动物引发动物疫情的，动物被强制扑杀的损失以及处理费用，由饲养者承担。
第三章 动物和动物产品的检疫监督	第三章 动物和动物产品的检疫监督
第十七条 动物卫生监督机构负责对动物和动物产品实施检疫，实施检疫的人员应当为官方兽医。 动物卫生监督机构的官方兽医在执行动物防疫、**监督**检查任务时，应当**穿着工作服装，佩带统一标志，出示行政执法**证件。	第二十条 动物卫生监督机构负责对动物和动物产品实施检疫，实施检疫的人员应当为官方兽医。 动物卫生监督机构的官方兽医在执行动物防疫、检查任务时，应当**出示工作**证件。
第十八条 屠宰、出售、运输动物以及出售、运输动物产品前，货主应当**在规定时限内**向所在地**县级人民政府**动物卫生监督机构申报检疫。	第二十一条 屠宰、出售、运输动物以及出售、运输动物产品前，货主应当**按照规定**向所在地动物卫生监督机构**或者其派驻机构**申报检疫。
第十九条 屠宰、经营、运输、**参展、演出和比赛的**动物，应当附有动物检疫**合格**证明；经营、运输的动物产品，应当附有**动物产品**检疫**合格**证明和检疫标志。	第二十二条 屠宰、经营、运输的动物，**以及用于科研、教学、药用、展示、演出和比赛等非食用性利用的动物**，应当附有检疫证明；经营、运输的动物产品，应当附有检疫证明和

	检疫标志。
第二十条 禁止屠宰、经营、运输**没有**畜禽标识的动物。 禁止转让、伪造、变造检疫证明、检疫标志、畜禽标识。	第二十三条 禁止屠宰、经营、运输**应当加施而未加施**畜禽标识的动物。
第二十一条 动物、动物产品输入本省，应当经过依法设置的指定通道的动物卫生监督检查站进行动物防疫检查和消毒，合格后方可进入本省。 任何单位和个人不得接收未经指定通道的动物卫生监督检查站检查输入本省的动物、动物产品。 运送过境本省的动物、动物产品应当在规定日期内按照指定的路线过境，货主或者承运人应当持有效的检疫证明向指定通道的动物卫生监督检查站报验。	
第二十二条 省人民政府**根据动物防疫工作需要，指定**动物、动物产品输入和过境本省的通道，设立动物卫生监督检查站，并向社会公布。 指定通道的动物卫生监督检查站及其引导标志，应当按照动物防疫有关法律法规的规定设置，并符合道路交通安全相关技术规范，公安、交通运输部门应当予以配合。	第二十四条 省人民政府**确定并**公布道路运输的动物进入本省的指定通道，设置符合道路交通安全相关技术规范的引导标志。跨省通过道路运输动物的，应当经省人民政府设立的指定通道入省境或者过省境，并向指定通道所在地依法设立的检查站申报检查。 从事动物饲养、屠宰、经营、隔离、运输等活动的单位和个人，不得接收未按照前款规定经过检查或者检查不合格的动物。
第二十三条 跨省引进用于饲养的非乳用、非种用动物到达目的地后，	第二十五条 跨省引进的种用、乳用动物到达输入地后，货主应当按

货主**或者承运人**应当在 24 小时内向所在地县级人民政府动物卫生监督机构报告，**并接受监督检查。**	照规定对引进的种用、乳用动物进行**隔离观察，**并在 24 小时内向所在地县级人民政府动物卫生监督机构报告。
第二十四条　经检疫合格的动物到达目的地后，需要转运、分销的，货主应当向所在地动物卫生监督机构申请换发动物检疫合格证明。换证应当符合下列条件： 　　（一）提供原始有效的动物检疫合格证明，且证明与货物相符，畜禽标识符合规定； 　　（二）动物临床检查健康； 　　（三）依法需要进行实验室疫病检测的，检测结果为合格。	
第二十五条　县级人民政府动物卫生监督机构对定点屠宰厂（场、点）派驻官方兽医，监督屠宰**企业做好肉品品质检验检测**、无害化处理等工作。 　　屠宰厂（场、点）屠宰的动物应当经官方兽医查验、**检查**合格。	**第二十六条**　县级人民政府动物卫生监督机构对定点屠宰厂（场、点）派驻官方兽医，监督屠宰厂（**场、点**）做好动物防疫、无害化处理等工作。 　　屠宰厂（场、点）屠宰的动物应当经官方兽医查验合格。 　　**除国家另有规定外，禁止将运达屠宰厂（场、点）内的动物外运出场。**
	第二十七条　屠宰厂（场、点）、交易市场、冷冻动物产品贮藏场所等的经营者，应当对入场动物、动物产品查验检疫证明、畜禽标识或者检疫标志。未经查验或者经查验不符合规定的动物、动物产品不得入场。
第二十六条　销售动物及动物产品实行检疫证明明示制度，经营者应	**第二十八条**　销售动物以及动物产品实行检疫证明明示制度，经营者

当将销售的动物及动物产品检疫**合格**证明明示，接受社会监督。	应当将销售的动物**以及**动物产品检疫证明明示，接受社会监督。
第四章　病死动物和病害动物产品的无害化处理	第四章　病死动物和病害动物产品的无害化处理
第二十七条　县级以上人民政府应当按照统筹规划、合理布局的原则，制定**病死动物和病害动物产品无害化处理场所建设规划**，建立健全无害化处理体系和机制，保障运行经费。	第二十九条　**市州、县级人民政府应当依据省人民政府制定的动物和动物产品集中无害化处理场所建设规划**，按照统筹规划、合理布局的原则，制定**无害化处理场所建设方案**，建立健全无害化处理体系和机制，保障运行经费。
第二十八条　实行病死动物**无害化集中**处理制度。动物饲养场、活畜禽交易市场、**动物定点**屠宰厂（场、点）、动物隔离场所应当配备与其规模相适应且符合环保要求的无害化处理设施设备，**以及**病死动物暂贮的冷藏冷冻设施设备。	第三十条　实行病死动物**集中无害化**处理制度。动物饲养场、活畜禽交易市场、屠宰厂（场、点）、动物隔离场所应当配备与其规模相适应且符合环保要求的无害化处理设施设备，**或者**病死动物暂贮的冷藏冷冻设施设备。
第二十九条　从事饲养、屠宰、经营、**运输动物**以及生产、经营、加工、贮藏、**运输动物产品**的单位和个人，应当**对病死或者死因不明的动物、染疫动物产品按照规定进行无害化处**理。任何单位和个人不得随意弃置病死动物和病害动物产品。 　　不具备无害化处理能力的**单位和个人，应当将病死动物和病害动物产品委托无害化集中**处理场处理，处理费用由委托人按照规定承担。 　　**建立养殖业保险和病死动物无害**	第三十一条　从事**动物**饲养、屠宰、经营、**隔离**以及**动物产品**生产、经营、加工、贮藏**等**活动的单位和个人，应当**按照国家有关规定做好病死动物、病害动物产品的无害化处理，或者委托动物和动物产品无害化处理场所处理**。不具备无害化处理能力的，应当**委托动物和动物产品无害化**处理场所处理，处理费用由委托人按照规定承担。 　　任何单位和个人不得**买卖、加工、**随意弃置病死动物和病害动物产品。

化处理联动机制,无害化处理单位和个人应当建立处理情况档案。对未按照规定进行无害化处理的病死畜禽,保险机构可以不予理赔。	从事无害化处理的单位和个人应当建立处理情况档案。
第三十条　在江河、湖泊、水库等水域发现的病死动物,由所在地县级人民政府组织收集处理。 　在乡村和城市公共场所发现的病死动物,由所在地乡镇人民政府、街道办事处(社区)组织收集处理。	
第三十一条　禁止藏匿、转移、盗挖已被依法隔离、**查封**、扣押、处理的动物和动物产品。 　禁止为染疫、疑似染疫、病死、死因不明的动物或者动物产品提供加工设备、运载工具、贮藏场所。	第三十二条　禁止藏匿、转移、盗挖已被依法隔离、**封存**、扣押、处理的动物和动物产品。 　禁止为染疫、疑似染疫、病死、死因不明的动物或者动物产品提供加工设备、运载工具、贮藏场所。
第五章　法律责任	第五章　法律责任
	第三十三条　违反本条例第十五条第一款规定,未对场地、设施设备以及交通工具进行清洗、消毒的,由县级以上人民政府农业农村主管部门、市场监督管理部门依据各自职责责令限期改正,可处以200元以上1000元以下罚款;逾期不改正的,处以1000元以上5000元以下罚款。
第三十二条　违反本条例第八条第二款规定,拒绝或者阻碍动物疫病预防控制机构进行动物疫病监测和调查的,由动物卫生监督机构责令改正;拒不改正的,对单位处以1000元以上	

1 万元以下罚款，对个人可处以 100 元以上 500 元以下罚款。	
第三十三条　违反本条例第十条第三款规定，经营未经检测或者检测不合格的乳用动物及其产品的，由动物卫生监督机构责令改正，给予警告；拒不改正的，由动物卫生监督机构代作处理，所需处理费用由违法行为人承担，并可处以 1000 元以下罚款。	
第三十四条　违反本条例第十一条规定，犬的饲养人未对犬进行兽用狂犬疫苗免疫接种的，由动物卫生监督机构责令改正，给予警告；拒不改正的，由动物卫生监督机构代作处理，处理费用由违法行为人承担，并可处以 200 元以上 1000 元以下罚款。	
第三十五条　违反本条例第十二条第二款规定，活畜禽交易市场（交易点）的开办者未按照规定实行定期休市、对市场（交易点）进行清洗和消毒的，由食品药品监督主管部门责令改正；拒不改正的，处以 5000 元以上 2 万元以下罚款。	第三十四条　违反本条例第十五条第二款、第三款规定，有下列行为之一的，由县级以上人民政府农业农村主管部门、市场监督管理部门依据各自职责责令改正，处以 3000 元以上 3 万元以下罚款；情节严重的，责令停业整顿，并处以 3 万元以上 10 万元以下罚款： 　（一）未按照规定对市场进行清洗、消毒的； 　（二）未建立清洗、消毒档案或者建立虚假清洗、消毒档案的。
第三十六条　违反本条例第十九条规定，屠宰、经营、运输动物未附检	

疫证明的，经营和运输动物产品未附检疫证明、检疫标志的，由动物卫生监督机构责令改正，处以同类检疫合格动物、动物产品货值金额 20% 以上 50% 以下罚款；对货主以外的承运人处以运费 2 倍以上 3 倍以下罚款。 　违反本条例第十九条规定，参加展览、演出和比赛的动物未附有检疫证明的，由动物卫生监督机构责令改正，处以 2000 元以上 3000 元以下罚款。	
第三十七条　违反本条例第二十条第一款规定，屠宰、经营、运输没有畜禽标识的动物，由动物卫生监督机构责令改正，给予警告；拒不改正的，处以 200 元以上 2000 元以下罚款。	第三十五条　违反本条例第二十三条规定的，由县级以上人民政府农业农村主管部门责令改正，可处以 200 元以上 2000 元以下罚款。
第三十八条　违反本条例第二十条第二款规定，有下列情形之一的，由动物卫生监督机构没收违法所得，收缴检疫证明、检疫标志或者畜禽标识，并按照下列规定处以罚款： 　（一）转让畜禽标识的，处以 3000 元以上 5000 元以下罚款； 　（二）转让检疫证明、检疫标志的，处以 5000 元以上 1 万元以下罚款； 　（三）变造检疫证明、检疫标志的，处以 1 万元以上 2 万元以下罚款； 　（四）伪造检疫证明、检疫标志的，处以 2 万元以上 3 万元以下罚款。	
第三十九条　违反本条例第二十一条规定，有下列情形之一的，由动	第三十六条　违反本条例第二十四条第一款规定，未经省人民政府设

物卫生监督机构处以 5000 元以上 5 万元以下罚款：

（一）向本省输入或者运送过境的动物、动物产品，未经指定通道进入并接受检查和消毒的；

（二）运送过境本省的动物、动物产品，未按照规定日期过境的；

（三）接收未经指定通道的检查站检查进入本省的动物、动物产品的。

第四十条　违反本条例第二十三条规定，跨省引进用于饲养的非乳用、非种用动物到达目的地后，未在 24 小时内向所在地县级人民政府动物卫生监督机构报告或者不接受监督检查的，由动物卫生监督机构处以 500 元以上 2000 元以下罚款。

立的指定通道入省境或者过省境的，由县级以上人民政府农业农村主管部门对运输人处以 5000 元以上 1 万元以下罚款，情节严重的，处以 1 万元以上 5 万元以下罚款；未向指定通道所在地依法设立的检查站申报检查的，由县级以上人民政府农业农村主管部门责令改正，处以 3000 元以上 3 万元以下罚款。

第三十七条　违反本条例第二十四条第二款规定的，由县级以上人民政府农业农村主管部门责令改正，处以 5000 元以上 3 万元以下罚款。

第三十八条　违反本条例第二十五条规定，跨省引进的种用、乳用动物到达输入地后，未按照规定对跨省引进的种用、乳用动物进行隔离观察的，由县级以上人民政府农业农村主管部门责令改正，处以 3000 元以上 3 万元以下罚款；情节严重的，责令停业整顿，并处以 3 万元以上 10 万元以下罚款。

第三十九条　违反本条例第二十六条第三款规定，擅自将屠宰厂（场、点）内的动物外运出场的，由县级以上人民政府农业农村主管部门责令改正，处以 2000 元以上 2 万元以下罚款。

第四十条　违反本条例第二十七条规定的，由县级以上人民政府农业农村主管部门、市场监督管理部门依

	据各自职责，责令改正；拒不改正的，处以 5000 元以上 2 万元以下罚款。
第四十一条　违反本条例第三十一条第二款规定，为染疫、疑似染疫病死和死因不明的动物、动物产品提供加工设备、运载工具、贮藏场所的，由动物卫生监督机构责令改正，没收违法所得，并处以 2000 元以上 2 万元以下罚款。	第四十一条　违反本条例第三十二条规定的，由县级以上人民政府农业农村主管部门责令改正，处以 3000 元以上 3 万元以下罚款。
第四十二条　各级人民政府、有关行政主管部门及其工作人员在动物防疫工作中滥用职权、玩忽职守、徇私舞弊，尚不构成犯罪的，依法给予行政处分。	第四十二条　各级人民政府及其工作人员未依照本条例规定履行职责的，对直接负责的主管人员和其他直接责任人员依法给予处分。
第四十三条　违反本条例规定的其他行为，法律、法规有处罚规定的，从其规定。	第四十三条　违反本条例规定的其他行为，法律、法规有处罚规定的，从其规定。
第六章　附则	第六章　附则
第四十四条　进出境动物、动物产品的检疫，依照有关进出境动物检疫法律、法规的规定执行。 水生动物防疫工作由县级以上人民政府渔业主管部门按照国家有关规定执行。	第四十四条　进出境动物、动物产品的检疫，依照有关进出境动物检疫法律、法规的规定执行。 水生动物防疫工作由县级以上人民政府渔业主管部门按照国家有关规定执行。
第四十五条　本条例自 2018 年 1 月 1 日起施行。2004 年 11 月 27 日贵州省第十届人民代表大会常务委员会第十一次会议通过的《贵州省动物防疫条例》同时废止。	第四十五条　本条例自 2022 年 9 月 1 日起施行。

贵州省人民政府关于提请审议《贵州省动物防疫条例（修订草案）》的起草说明 [1]

贵州省司法厅厅长　张涛

贵州省人民代表大会常务委员会：

受省人民政府委托，现对《贵州省动物防疫条例（修订草案）》（以下简称《条例（修订草案）》）作如下说明：

一、修订《贵州省动物防疫条例》的必要性

《贵州省动物防疫条例》（以下简称《条例》）于 2005 年施行，并于 2017 年修订，在防控非洲猪瘟等重大动物疫病，促进畜牧业健康发展，助推脱贫攻坚，保护人民群众身体健康等方面发挥了重要作用。但随着经济社会的发展，我省动物防疫工作面临一些新要求、新情况：一是新修订的《动物防疫法》于 2021 年 5 月 1 日施行，现行《条例》中许多条款与上位法不一致，亟需按照新修订《动物防疫法》的要求重新规范。二是 H7N9 流感、非洲猪瘟等重大动物疫情，结核病、狂犬病、血吸虫病等人畜共患传染病时有发生，我省动物防疫形势仍然比较严峻。三是由于我省畜禽养殖规模化、标准化程度不高，新病、外来病不断增多，屠宰厂（场、点）等场所主体责任落实不到位，基层动物防疫体系薄弱，防疫保障措施与工作需求之间的差距较大。需要将工作中行之有效的动物防疫措施上升为制度规范，进一步压实畜禽养殖、屠宰等从业者的防疫主体责任。因此，为切实做好动物防疫工作，确保畜牧业健康发展，维护公共卫生安全，结合我省实

---

[1] 内容来自贵州人大网。

际,修订《条例》十分必要。

二、《条例(修订草案)》起草过程

2020 年 12 月,省人大农业与农村委、省人大常委会法工委、省司法厅、省农业农村厅共同成立起草小组,开展《条例(修订草案)》前期调研工作。形成初稿后,多次征求各市(州)政府和有关部门以及动物防疫相关企业的意见。《条例(修订草案)》列入 2021 年立法工作计划后,起草小组赴贵阳市、遵义市、毕节市、黔南布依族苗族自治州等地调研,多次召开座谈论证会,在学习借鉴外省(区、市)立法经验和做法的基础上,对《条例(修订草案)》作了进一步修改完善。省司法厅在审查过程中,进一步征求了省直有关部门、各市(州)及部分县政府的意见,并在省司法厅网站公开征求社会各界意见。经过反复修改,数易其稿,形成《条例(修订草案)》,于 2021 年 11 月 2日省人民政府第 96 次常务会议审议通过,形成了送审的《条例(修订草案)》。

三、需要说明的几个问题

《条例》原文共 45 条,《条例(修订草案)》共修改原条文 32 条、删除 6 条、新增 6 条,修改后的条例共 45 条。同时,还根据机构改革等情况,对涉及部门名称、动物防疫机构名称及职能职责的部分条款内容和表述作了修改。

(一)关于动物防疫机构及专职防疫人员。一是根据新修订的《动物防疫法》规定,动物防疫主管部门由兽医主管部门调整为农业农村主管部门,《条例(修订草案)》修改了相应的机构和上位法保持一致。二是为补齐乡镇专职动物防疫人员缺乏的短板,激发基层动物防疫人员工作积极性,破解动物防疫工作困境,《条例(修订草案)》规定乡镇人民政府、街道办事处应当根据动物防疫工作需要,配备专职动物防疫管理人员。三是借鉴外省立法经验,新增省人民政府组织制定基层动物防疫人才引进、培养及生活待遇保障等制度,对长期在基层服务的动物防疫人员在聘用及职称评审、晋升中予以政策倾斜。

（二）关于增加动物防疫措施。为有效预防控制动物疫病，维护公共卫生安全，《条例（修订草案）》一是规定饲养动物的个人，不具备自行实施动物免疫条件的，应当主动接受乡镇人民政府、街道办事处组织的集中强制免疫。二是细化饲养犬只应当定期注射兽用狂犬疫苗，凭免疫证明向县级人民政府指定的养犬登记机关申请登记。携带犬只出户的，应当按照规定为犬只佩戴犬牌并采取系犬绳等措施。三是根据全国人大常委会制定的关于全面禁止非法野生动物交易、革除滥食野生动物陋习、切实保障人民群众生命健康安全的决定，新增对野生动物防疫的相关内容。四是强化了活畜禽交易市场、屠宰厂（场、点）等防疫手段及无害化处理机制。

（三）关于补充行政处罚。为贯彻实施好新修订的《动物防疫法》，《条例（修订草案）》根据我省动物防疫实际，对未按照规定实行定期休市、未进行市场清洗和消毒、未建立休市消毒档案或者建立虚假休市消毒档案的，对屠宰厂（场、点）内的动物外运出场的，对未经查验或者查验不符合规定的动物、动物产品入场的三类比较突出的行为，按照行政处罚法的规定补充设定了相应行政处罚，旨在强化防疫措施，保障管控到位。

以上说明和《条例（修订草案）》，请予审议。

贵州省人民代表大会法制委员会关于《贵州省动物防疫条例（修订草案二次审议修改稿）》审议结果的报告[1]

贵州省人大法制委员会副主任委员　宋宇峰

贵州省人民代表大会常务委员会：

常委会第三十一次会议对《贵州省动物防疫条例（修订草案二次审议修改稿）》(以下简称《条例草案二次审议修改稿》)和省人大法制委员会修改情况的说明进行了审议。常委会组成人员认为，《条例草案二次审议修改稿》吸纳了第三十次会议的审议意见，并提出了一些修改意见。

会后，法工委对常委会组成人员的审议意见进行了认真研究。2022年5月9日，法制委员会召开会议，邀请省人大农业农村委员会参加，对《条例草案二次审议修改稿》进行审议，并对第三十一次会议的审议意见和各有关方面提出的修改意见进行了认真研究。法制委员会认为，《条例草案二次审议修改稿》的内容符合有关法律、法规的规定，符合我省实际，文本比较成熟。同时，提出以下意见：

一、具体修改意见

1. 第四条第二款、第三款调整作为第五条，并修改为："乡镇人民政府、街道办事处根据动物防疫工作需要配备专职动物防疫管理人员，主要承担以下动物疫病预防与控制职责：

（一）组织本辖区内饲养动物的单位和个人做好强制免疫，协助

---

[1]　内容来自贵州人大网。

县级以上人民政府农业农村主管部门做好监督检查工作；

（二）组织协调居民委员会、村民委员会，做好本辖区流浪犬、猫的控制和处置，防止疫病传播；

（三）结合本地实际，做好农村地区饲养犬只的防疫管理工作；

（四）发生三类动物疫病时，按照国务院农业农村主管部门的规定组织防治；

（五）对在城市公共场所和乡村发现的死亡畜禽，负责组织收集、处理并溯源；

（六）动物防疫相关法律法规规定的其他职责。

村民委员会、居民委员会应当协助做好本辖区内的动物防疫工作，引导村民、居民依法履行动物防疫义务。"

2. 第八条第一款中的"医疗"修改为"动物诊疗"。

3. 第九条第一款修改为："对严重危害养殖业生产和人体健康的动物疫病实施强制免疫。"

4. 第十六条第二款中的"对因采取扑杀、销毁等重大动物疫情应急措施给当事人造成的已经证实的损失，给予合理补偿"修改为"对在动物疫病预防、控制、净化、消灭过程中强制扑杀的动物、销毁的动物产品和相关物品，县级以上人民政府按照国家有关规定给予合理补偿"。

5. 第二十三条与第二十四条合并修改作为第二十四条，表述为："省人民政府确定并公布道路运输的动物进入本省的指定通道，设置符合道路交通安全相关技术规范的引导标志。跨省通过道路运输动物的，应当经省人民政府设立的指定通道入省境或者过省境，并向指定通道所在地依法设立的检查站申报检查。

从事动物饲养、屠宰、经营、隔离、运输等活动的单位和个人，不得接收未按照前款规定经过检查或者检查不合格的动物。"

6. 第三十一条第一款与第三款合并修改作为第一款，表述为：

"从事动物饲养、屠宰、经营、隔离以及动物产品生产、经营、加工、贮藏等活动的单位和个人，应当按照国家有关规定做好病死动物、病害动物产品的无害化处理，或者委托动物和动物产品无害化处理场所处理。不具备无害化处理能力的单位和个人，应当委托动物和动物产品无害化处理场所处理，处理费用由委托人按照规定承担。"

7. 删除第三十八条中的"未在 24 小时内向所在地县级人民政府动物卫生监督机构报告的，由县级以上人民政府农业农村主管部门责令改正，处以 3000 元以上 3 万元以下罚款"。

此外，还对《条例草案二次审议修改稿》部分条款作了文字技术处理，条文顺序作了相应调整。

二、未作改动的说明

1. 关于犬只管理。有组成人员对犬只管理提出一些修改意见，经研究，动物防疫法第三十条第五款授权各省制定具体管理办法，省政府已于 2019 年 1 月 3 日发布《贵州省城市养犬管理规定》并于 3 月 1 日施行，组成人员所提意见在该规定中有专门规定，本条例不再作重复规定。

2. 关于其他意见的处理。有组成人员提出增加"境外输入管理""特种养殖检验检疫标准和防疫规范的建立""解决农村散养动物的屠宰点经营管理和检疫防疫问题"等内容。经研究，动物防疫法明确"境外输入管理"适用进出境动植物检疫法，"特种养殖检验检疫标准和防疫规范的建立"由农业农村部负责，均属国家事权；"农村散养动物的屠宰点经营管理和检疫防疫"在国务院《生猪屠宰管理条例》《贵州省牲畜屠宰条例》中有专门规定，本条例不再作重复规定。

条例草案三次审议修改稿已按照上述意见作了修改，法制委员会建议提请本次常委会会议审议通过。

条例草案三次审议修改稿和以上报告，请审议。

贵州省人民代表大会法制委员会关于《贵州省动物防疫条例（修订草案三次审议修改稿）》修改情况的报告[1]

贵州省人民代表大会常务委员会：

本次会议对《贵州省动物防疫条例（修订草案三次审议修改稿）》（以下简称《条例修订草案三次审议修改稿》）和省人大法制委员会的审议结果报告进行了审议。常委会组成人员认为，《条例修订草案三次审议修改稿》吸纳了第三十二次会议的审议意见和各有关方面的意见，符合有关法律、法规的规定和我省实际，同意省人大法制委员会的审议结果报告，同意按本次会议审议的意见修改后提交会议表决，并提出了一些修改意见。法制委员会对这些意见进行了认真研究，提出了修改意见。现将有关情况报告如下：

一、具体修改意见

1. 删去第十二条第一款中的"建立动物防疫制度"。第二款中的"应当主动接受乡镇人民政府、街道办事处组织的集中强制免疫措施，配合做好疫病检测等动物疫病预防工作"修改为"应当主动配合乡镇人民政府、街道办事处做好集中强制免疫措施和疫病检测等动物疫病预防工作"。

2. 第十三条第一款修改为："种用、乳用动物应当符合国家规定的健康标准。"删除第二款中的"重大"。

3. 第十四条第一款中的"对在城乡饲养的犬只实行狂犬病强制免疫"修改为"对饲养的犬只实行狂犬病强制免疫"。第三款中的"免疫

---

[1]　内容来自贵州人大网。

注射机构"修改为"动物疫病预防控制机构、动物诊疗机构"。

4. 第三十条中的"以及病死动物暂贮的冷藏冷冻设施设备"修改为"或者病死动物暂贮的冷藏冷冻设施设备"。

5. 条例的施行日期明确为"2022 年 9 月 1 日"。

二、未作改动的说明

1. 关于非养殖类动物的防疫。有组成人员提出"建议明确说明非养殖类动物疫病如何防疫"。经研究，本条例第十六条已作了原则性规定，野生动物保护法中有专门的规定，本条例不再作重复规定。

2. 关于实验动物的防疫。有组成人员提出"将在实验室里动物的繁殖、引进、饲养纳入条例"。经研究，动物防疫法第一百一十二条规定"实验动物防疫有特殊要求的，按照实验动物管理的有关规定执行。"国务院《实验动物管理条例》中对实验动物的防疫有专门的规定，本条例不再作重复规定。

此外，还对《条例修订草案三次审议修改稿》部分条款作了文字技术处理。

条例修订草案表决稿已按照上述意见作了修改，法制委员会建议本次常委会会议审议通过。

以上报告，请审议。

贵州省人大法制委员会
2022 年 5 月 25 日

附录二 相关法律

中华人民共和国动物防疫法

（1997 年 7 月 3 日第八届全国人民代表大会常务委员会第二十六次会议通过 2007 年 8 月 30 日第十届全国人民代表大会常务委员会第二十九次会议第一次修订 根据 2013 年 6 月 29 日第十二届全国人民代表大会常务委员会第三次会议《关于修改〈中华人民共和国文物保护法〉等十二部法律的决定》第一次修正 根据 2015 年 4 月 24 日第十二届全国人民代表大会常务委员会第十四次会议《关于修改〈中华人民共和国电力法〉等六部法律的决定》第二次修正 2021 年 1 月 22 日第十三届全国人民代表大会常务委员会第二十五次会议第二次修订）

目录

第一章　总则

第一条　为了加强对动物防疫活动的管理，预防、控制、净化、消灭动物疫病，促进养殖业发展，防控人畜共患传染病，保障公共卫生安全和人体健康，制定本法。

第二条　本法适用于在中华人民共和国领域内的动物防疫及其监督管理活动。

进出境动物、动物产品的检疫，适用《中华人民共和国进出境动植物检疫法》。

第三条　本法所称动物，是指家畜家禽和人工饲养、捕获的其他动物。

本法所称动物产品，是指动物的肉、生皮、原毛、绒、脏器、脂、血液、精液、卵、胚胎、骨、蹄、头、角、筋以及可能传播动物疫病的奶、蛋等。

本法所称动物疫病，是指动物传染病，包括寄生虫病。

本法所称动物防疫，是指动物疫病的预防、控制、诊疗、净化、消灭和动物、动物产品的检疫，以及病死动物、病害动物产品的无害化处理。

第四条　根据动物疫病对养殖业生产和人体健康的危害程度，本法规定的动物疫病分为下列三类：

（一）一类疫病，是指口蹄疫、非洲猪瘟、高致病性禽流感等对人、动物构成特别严重危害，可能造成重大经济损失和社会影响，需要采取紧急、严厉的强制预防、控制等措施的；

（二）二类疫病，是指狂犬病、布鲁氏菌病、草鱼出血病等对人、动物构成严重危害，可能造成较大经济损失和社会影响，需要采取严格预防、控制等措施的；

（三）三类疫病，是指大肠杆菌病、禽结核病、鳖鳃腺炎病等常见多发，对人、动物构成危害，可能造成一定程度的经济损失和社会影响，需要及时预防、控制的。

前款一、二、三类动物疫病具体病种名录由国务院农业农村主管部门制定并公布。国务院农业农村主管部门应当根据动物疫病发生、流行情况和危害程度，及时增加、减少或者调整一、二、三类动物疫病具体病种并予以公布。

人畜共患传染病名录由国务院农业农村主管部门会同国务院卫生健康、野生动物保护等主管部门制定并公布。

第五条　动物防疫实行预防为主，预防与控制、净化、消灭相结合的方针。

第六条　国家鼓励社会力量参与动物防疫工作。各级人民政府采取措施，支持单位和个人参与动物防疫的宣传教育、疫情报告、志愿服务和捐赠等活动。

第七条　从事动物饲养、屠宰、经营、隔离、运输以及动物产品生产、经营、加工、贮藏等活动的单位和个人，依照本法和国务院农业农村主管部门的规定，做好免疫、消毒、检测、隔离、净化、消灭、无害化处理等动物防疫工作，承担动物防疫相关责任。

第八条　县级以上人民政府对动物防疫工作实行统一领导，采取有效措施稳定基层机构队伍，加强动物防疫队伍建设，建立健全动物防疫体系，制定并组织实施动物疫病防治规划。

乡级人民政府、街道办事处组织群众做好本辖区的动物疫病预防与控制工作，村民委员会、居民委员会予以协助。

第九条　国务院农业农村主管部门主管全国的动物防疫工作。

县级以上地方人民政府农业农村主管部门主管本行政区域的动物防疫工作。

县级以上人民政府其他有关部门在各自职责范围内做好动物防疫工作。

军队动物卫生监督职能部门负责军队现役动物和饲养自用动物的防疫工作。

第十条 县级以上人民政府卫生健康主管部门和本级人民政府农业农村、野生动物保护等主管部门应当建立人畜共患传染病防治的协作机制。

国务院农业农村主管部门和海关总署等部门应当建立防止境外动物疫病输入的协作机制。

第十一条 县级以上地方人民政府的动物卫生监督机构依照本法规定，负责动物、动物产品的检疫工作。

第十二条 县级以上人民政府按照国务院的规定，根据统筹规划、合理布局、综合设置的原则建立动物疫病预防控制机构。

动物疫病预防控制机构承担动物疫病的监测、检测、诊断、流行病学调查、疫情报告以及其他预防、控制等技术工作；承担动物疫病净化、消灭的技术工作。

第十三条 国家鼓励和支持开展动物疫病的科学研究以及国际合作与交流，推广先进适用的科学研究成果，提高动物疫病防治的科学技术水平。

各级人民政府和有关部门、新闻媒体，应当加强对动物防疫法律法规和动物防疫知识的宣传。

第十四条 对在动物防疫工作、相关科学研究、动物疫情扑灭中做出贡献的单位和个人，各级人民政府和有关部门按照国家有关规定给予表彰、奖励。

有关单位应当依法为动物防疫人员缴纳工伤保险费。对因参与动物防疫工作致病、致残、死亡的人员,按照国家有关规定给予补助或者抚恤。

第二章 动物疫病的预防

第十五条 国家建立动物疫病风险评估制度。

国务院农业农村主管部门根据国内外动物疫情以及保护养殖业生产和人体健康的需要,及时会同国务院卫生健康等有关部门对动物疫病进行风险评估,并制定、公布动物疫病预防、控制、净化、消灭措施和技术规范。

省、自治区、直辖市人民政府农业农村主管部门会同本级人民政府卫生健康等有关部门开展本行政区域的动物疫病风险评估,并落实动物疫病预防、控制、净化、消灭措施。

第十六条 国家对严重危害养殖业生产和人体健康的动物疫病实施强制免疫。

国务院农业农村主管部门确定强制免疫的动物疫病病种和区域。

省、自治区、直辖市人民政府农业农村主管部门制定本行政区域的强制免疫计划;根据本行政区域动物疫病流行情况增加实施强制免疫的动物疫病病种和区域,报本级人民政府批准后执行,并报国务院农业农村主管部门备案。

第十七条 饲养动物的单位和个人应当履行动物疫病强制免疫义务,按照强制免疫计划和技术规范,对动物实施免疫接种,并按照国家有关规定建立免疫档案、加施畜禽标识,保证可追溯。

实施强制免疫接种的动物未达到免疫质量要求,实施补充免疫接种后仍不符合免疫质量要求的,有关单位和个人应当按照国家有关规定处理。

用于预防接种的疫苗应当符合国家质量标准。

第十八条 县级以上地方人民政府农业农村主管部门负责组织

实施动物疫病强制免疫计划，并对饲养动物的单位和个人履行强制免疫义务的情况进行监督检查。

乡级人民政府、街道办事处组织本辖区饲养动物的单位和个人做好强制免疫，协助做好监督检查；村民委员会、居民委员会协助做好相关工作。

县级以上地方人民政府农业农村主管部门应当定期对本行政区域的强制免疫计划实施情况和效果进行评估，并向社会公布评估结果。

第十九条 国家实行动物疫病监测和疫情预警制度。

县级以上人民政府建立健全动物疫病监测网络，加强动物疫病监测。

国务院农业农村主管部门会同国务院有关部门制定国家动物疫病监测计划。省、自治区、直辖市人民政府农业农村主管部门根据国家动物疫病监测计划，制定本行政区域的动物疫病监测计划。

动物疫病预防控制机构按照国务院农业农村主管部门的规定和动物疫病监测计划，对动物疫病的发生、流行等情况进行监测；从事动物饲养、屠宰、经营、隔离、运输以及动物产品生产、经营、加工、贮藏、无害化处理等活动的单位和个人不得拒绝或者阻碍。

国务院农业农村主管部门和省、自治区、直辖市人民政府农业农村主管部门根据对动物疫病发生、流行趋势的预测，及时发出动物疫情预警。地方各级人民政府接到动物疫情预警后，应当及时采取预防、控制措施。

第二十条 陆路边境省、自治区人民政府根据动物疫病防控需要，合理设置动物疫病监测站点，健全监测工作机制，防范境外动物疫病传入。

科技、海关等部门按照本法和有关法律法规的规定做好动物疫病监测预警工作，并定期与农业农村主管部门互通情况，紧急情况及时通报。

县级以上人民政府应当完善野生动物疫源疫病监测体系和工作机制，根据需要合理布局监测站点；野生动物保护、农业农村主管部门按照职责分工做好野生动物疫源疫病监测等工作，并定期互通情况，紧急情况及时通报。

第二十一条　国家支持地方建立无规定动物疫病区，鼓励动物饲养场建设无规定动物疫病生物安全隔离区。对符合国务院农业农村主管部门规定标准的无规定动物疫病区和无规定动物疫病生物安全隔离区，国务院农业农村主管部门验收合格予以公布，并对其维持情况进行监督检查。

省、自治区、直辖市人民政府制定并组织实施本行政区域的无规定动物疫病区建设方案。国务院农业农村主管部门指导跨省、自治区、直辖市无规定动物疫病区建设。

国务院农业农村主管部门根据行政区划、养殖屠宰产业布局、风险评估情况等对动物疫病实施分区防控，可以采取禁止或者限制特定动物、动物产品跨区域调运等措施。

第二十二条　国务院农业农村主管部门制定并组织实施动物疫病净化、消灭规划。

县级以上地方人民政府根据动物疫病净化、消灭规划，制定并组织实施本行政区域的动物疫病净化、消灭计划。

动物疫病预防控制机构按照动物疫病净化、消灭规划、计划，开展动物疫病净化技术指导、培训，对动物疫病净化效果进行监测、评估。

国家推进动物疫病净化，鼓励和支持饲养动物的单位和个人开展动物疫病净化。饲养动物的单位和个人达到国务院农业农村主管部门规定的净化标准的，由省级以上人民政府农业农村主管部门予以公布。

第二十三条　种用、乳用动物应当符合国务院农业农村主管部门规定的健康标准。

饲养种用、乳用动物的单位和个人,应当按照国务院农业农村主管部门的要求,定期开展动物疫病检测;检测不合格的,应当按照国家有关规定处理。

第二十四条　动物饲养场和隔离场所、动物屠宰加工场所以及动物和动物产品无害化处理场所,应当符合下列动物防疫条件:

(一)场所的位置与居民生活区、生活饮用水水源地、学校、医院等公共场所的距离符合国务院农业农村主管部门的规定;

(二)生产经营区域封闭隔离,工程设计和有关流程符合动物防疫要求;

(三)有与其规模相适应的污水、污物处理设施,病死动物、病害动物产品无害化处理设施设备或者冷藏冷冻设施设备,以及清洗消毒设施设备;

(四)有与其规模相适应的执业兽医或者动物防疫技术人员;

(五)有完善的隔离消毒、购销台账、日常巡查等动物防疫制度;

(六)具备国务院农业农村主管部门规定的其他动物防疫条件。

动物和动物产品无害化处理场所除应当符合前款规定的条件外,还应当具有病原检测设备、检测能力和符合动物防疫要求的专用运输车辆。

第二十五条　国家实行动物防疫条件审查制度。

开办动物饲养场和隔离场所、动物屠宰加工场所以及动物和动物产品无害化处理场所,应当向县级以上地方人民政府农业农村主管部门提出申请,并附具相关材料。受理申请的农业农村主管部门应当依照本法和《中华人民共和国行政许可法》的规定进行审查。经审查合格的,发给动物防疫条件合格证;不合格的,应当通知申请人并说明理由。

动物防疫条件合格证应当载明申请人的名称（姓名）、场（厂）址、动物（动物产品）种类等事项。

第二十六条　经营动物、动物产品的集贸市场应当具备国务院农业农村主管部门规定的动物防疫条件，并接受农业农村主管部门的监督检查。具体办法由国务院农业农村主管部门制定。

县级以上地方人民政府应当根据本地情况，决定在城市特定区域禁止家畜家禽活体交易。

第二十七条　动物、动物产品的运载工具、垫料、包装物、容器等应当符合国务院农业农村主管部门规定的动物防疫要求。

染疫动物及其排泄物、染疫动物产品，运载工具中的动物排泄物以及垫料、包装物、容器等被污染的物品，应当按照国家有关规定处理，不得随意处置。

第二十八条　采集、保存、运输动物病料或者病原微生物以及从事病原微生物研究、教学、检测、诊断等活动，应当遵守国家有关病原微生物实验室管理的规定。

第二十九条　禁止屠宰、经营、运输下列动物和生产、经营、加工、贮藏、运输下列动物产品：

（一）封锁疫区内与所发生动物疫病有关的；

（二）疫区内易感染的；

（三）依法应当检疫而未经检疫或者检疫不合格的；

（四）染疫或者疑似染疫的；

（五）病死或者死因不明的；

（六）其他不符合国务院农业农村主管部门有关动物防疫规定的。

因实施集中无害化处理需要暂存、运输动物和动物产品并按照规定采取防疫措施的，不适用前款规定。

第三十条　单位和个人饲养犬只，应当按照规定定期免疫接种狂犬病疫苗，凭动物诊疗机构出具的免疫证明向所在地养犬登记机关申请登记。

携带犬只出户的,应当按照规定佩戴犬牌并采取系犬绳等措施,防止犬只伤人、疫病传播。

街道办事处、乡级人民政府组织协调居民委员会、村民委员会,做好本辖区流浪犬、猫的控制和处置,防止疫病传播。

县级人民政府和乡级人民政府、街道办事处应当结合本地实际,做好农村地区饲养犬只的防疫管理工作。

饲养犬只防疫管理的具体办法,由省、自治区、直辖市制定。

第三章　动物疫情的报告、通报和公布

第三十一条　从事动物疫病监测、检测、检验检疫、研究、诊疗以及动物饲养、屠宰、经营、隔离、运输等活动的单位和个人,发现动物染疫或者疑似染疫的,应当立即向所在地农业农村主管部门或者动物疫病预防控制机构报告,并迅速采取隔离等控制措施,防止动物疫情扩散。其他单位和个人发现动物染疫或者疑似染疫的,应当及时报告。

接到动物疫情报告的单位,应当及时采取临时隔离控制等必要措施,防止延误防控时机,并及时按照国家规定的程序上报。

第三十二条　动物疫情由县级以上人民政府农业农村主管部门认定;其中重大动物疫情由省、自治区、直辖市人民政府农业农村主管部门认定,必要时报国务院农业农村主管部门认定。

本法所称重大动物疫情,是指一、二、三类动物疫病突然发生,迅速传播,给养殖业生产安全造成严重威胁、危害,以及可能对公众身体健康与生命安全造成危害的情形。

在重大动物疫情报告期间,必要时,所在地县级以上地方人民政府可以作出封锁决定并采取扑杀、销毁等措施。

第三十三条　国家实行动物疫情通报制度。

国务院农业农村主管部门应当及时向国务院卫生健康等有关部门和军队有关部门以及省、自治区、直辖市人民政府农业农村主管部门通报重大动物疫情的发生和处置情况。

海关发现进出境动物和动物产品染疫或者疑似染疫的，应当及时处置并向农业农村主管部门通报。

县级以上地方人民政府野生动物保护主管部门发现野生动物染疫或者疑似染疫的，应当及时处置并向本级人民政府农业农村主管部门通报。

国务院农业农村主管部门应当依照我国缔结或者参加的条约、协定，及时向有关国际组织或者贸易方通报重大动物疫情的发生和处置情况。

第三十四条　发生人畜共患传染病疫情时，县级以上人民政府农业农村主管部门与本级人民政府卫生健康、野生动物保护等主管部门应当及时相互通报。

发生人畜共患传染病时，卫生健康主管部门应当对疫区易感染的人群进行监测，并应当依照《中华人民共和国传染病防治法》的规定及时公布疫情，采取相应的预防、控制措施。

第三十五条　患有人畜共患传染病的人员不得直接从事动物疫病监测、检测、检验检疫、诊疗以及易感染动物的饲养、屠宰、经营、隔离、运输等活动。

第三十六条　国务院农业农村主管部门向社会及时公布全国动物疫情，也可以根据需要授权省、自治区、直辖市人民政府农业农村主管部门公布本行政区域的动物疫情。其他单位和个人不得发布动物疫情。

第三十七条　任何单位和个人不得瞒报、谎报、迟报、漏报动物疫情，不得授意他人瞒报、谎报、迟报动物疫情，不得阻碍他人报告动物疫情。

第四章 动物疫病的控制

第三十八条 发生一类动物疫病时，应当采取下列控制措施：

（一）所在地县级以上地方人民政府农业农村主管部门应当立即派人到现场，划定疫点、疫区、受威胁区，调查疫源，及时报请本级人民政府对疫区实行封锁。疫区范围涉及两个以上行政区域的，由有关行政区域共同的上一级人民政府对疫区实行封锁，或者由各有关行政区域的上一级人民政府共同对疫区实行封锁。必要时，上级人民政府可以责成下级人民政府对疫区实行封锁；

（二）县级以上地方人民政府应当立即组织有关部门和单位采取封锁、隔离、扑杀、销毁、消毒、无害化处理、紧急免疫接种等强制性措施；

（三）在封锁期间，禁止染疫、疑似染疫和易感染的动物、动物产品流出疫区，禁止非疫区的易感染动物进入疫区，并根据需要对出入疫区的人员、运输工具及有关物品采取消毒和其他限制性措施。

第三十九条 发生二类动物疫病时，应当采取下列控制措施：

（一）所在地县级以上地方人民政府农业农村主管部门应当划定疫点、疫区、受威胁区；

（二）县级以上地方人民政府根据需要组织有关部门和单位采取隔离、扑杀、销毁、消毒、无害化处理、紧急免疫接种、限制易感染的动物和动物产品及有关物品出入等措施。

第四十条 疫点、疫区、受威胁区的撤销和疫区封锁的解除，按照国务院农业农村主管部门规定的标准和程序评估后，由原决定机关决定并宣布。

第四十一条 发生三类动物疫病时，所在地县级、乡级人民政府应当按照国务院农业农村主管部门的规定组织防治。

第四十二条 二、三类动物疫病呈暴发性流行时，按照一类动物疫病处理。

第四十三条　疫区内有关单位和个人，应当遵守县级以上人民政府及其农业农村主管部门依法作出的有关控制动物疫病的规定。

任何单位和个人不得藏匿、转移、盗掘已被依法隔离、封存、处理的动物和动物产品。

第四十四条　发生动物疫情时，航空、铁路、道路、水路运输企业应当优先组织运送防疫人员和物资。

第四十五条　国务院农业农村主管部门根据动物疫病的性质、特点和可能造成的社会危害，制定国家重大动物疫情应急预案报国务院批准，并按照不同动物疫病病种、流行特点和危害程度，分别制定实施方案。

县级以上地方人民政府根据上级重大动物疫情应急预案和本地区的实际情况，制定本行政区域的重大动物疫情应急预案，报上一级人民政府农业农村主管部门备案，并抄送上一级人民政府应急管理部门。县级以上地方人民政府农业农村主管部门按照不同动物疫病病种、流行特点和危害程度，分别制定实施方案。

重大动物疫情应急预案和实施方案根据疫情状况及时调整。

第四十六条　发生重大动物疫情时，国务院农业农村主管部门负责划定动物疫病风险区，禁止或者限制特定动物、动物产品由高风险区向低风险区调运。

第四十七条　发生重大动物疫情时，依照法律和国务院的规定以及应急预案采取应急处置措施。

第五章　动物和动物产品的检疫

第四十八条　动物卫生监督机构依照本法和国务院农业农村主管部门的规定对动物、动物产品实施检疫。

动物卫生监督机构的官方兽医具体实施动物、动物产品检疫。

第四十九条 屠宰、出售或者运输动物以及出售或者运输动物产品前，货主应当按照国务院农业农村主管部门的规定向所在地动物卫生监督机构申报检疫。

动物卫生监督机构接到检疫申报后，应当及时指派官方兽医对动物、动物产品实施检疫；检疫合格的，出具检疫证明、加施检疫标志。实施检疫的官方兽医应当在检疫证明、检疫标志上签字或者盖章，并对检疫结论负责。

动物饲养场、屠宰企业的执业兽医或者动物防疫技术人员，应当协助官方兽医实施检疫。

第五十条 因科研、药用、展示等特殊情形需要非食用性利用的野生动物，应当按照国家有关规定报动物卫生监督机构检疫，检疫合格的，方可利用。

人工捕获的野生动物，应当按照国家有关规定报捕获地动物卫生监督机构检疫，检疫合格的，方可饲养、经营和运输。

国务院农业农村主管部门会同国务院野生动物保护主管部门制定野生动物检疫办法。

第五十一条 屠宰、经营、运输的动物，以及用于科研、展示、演出和比赛等非食用性利用的动物，应当附有检疫证明；经营和运输的动物产品，应当附有检疫证明、检疫标志。

第五十二条 经航空、铁路、道路、水路运输动物和动物产品的，托运人托运时应当提供检疫证明；没有检疫证明的，承运人不得承运。

进出口动物和动物产品，承运人凭进口报关单证或者海关签发的检疫单证运递。

从事动物运输的单位、个人以及车辆，应当向所在地县级人民政府农业农村主管部门备案，妥善保存行程路线和托运人提供的动物名称、检疫证明编号、数量等信息。具体办法由国务院农业农村主管部门制定。

运载工具在装载前和卸载后应当及时清洗、消毒。

第五十三条 省、自治区、直辖市人民政府确定并公布道路运输的动物进入本行政区域的指定通道，设置引导标志。跨省、自治区、直辖市通过道路运输动物的，应当经省、自治区、直辖市人民政府设立的指定通道入省境或者过省境。

第五十四条 输入到无规定动物疫病区的动物、动物产品，货主应当按照国务院农业农村主管部门的规定向无规定动物疫病区所在地动物卫生监督机构申报检疫，经检疫合格的，方可进入。

第五十五条 跨省、自治区、直辖市引进的种用、乳用动物到达输入地后，货主应当按照国务院农业农村主管部门的规定对引进的种用、乳用动物进行隔离观察。

第五十六条 经检疫不合格的动物、动物产品，货主应当在农业农村主管部门的监督下按照国家有关规定处理，处理费用由货主承担。

第六章 病死动物和病害动物产品的无害化处理

第五十七条 从事动物饲养、屠宰、经营、隔离以及动物产品生产、经营、加工、贮藏等活动的单位和个人，应当按照国家有关规定做好病死动物、病害动物产品的无害化处理，或者委托动物和动物产品无害化处理场所处理。

从事动物、动物产品运输的单位和个人，应当配合做好病死动物和病害动物产品的无害化处理，不得在途中擅自弃置和处理有关动物和动物产品。

任何单位和个人不得买卖、加工、随意弃置病死动物和病害动物产品。

动物和动物产品无害化处理管理办法由国务院农业农村、野生动物保护主管部门按照职责制定。

第五十八条 在江河、湖泊、水库等水域发现的死亡畜禽，由所在地县级人民政府组织收集、处理并溯源。

在城市公共场所和乡村发现的死亡畜禽，由所在地街道办事处、乡级人民政府组织收集、处理并溯源。

在野外环境发现的死亡野生动物，由所在地野生动物保护主管部门收集、处理。

第五十九条　省、自治区、直辖市人民政府制定动物和动物产品集中无害化处理场所建设规划，建立政府主导、市场运作的无害化处理机制。

第六十条　各级财政对病死动物无害化处理提供补助。具体补助标准和办法由县级以上人民政府财政部门会同本级人民政府农业农村、野生动物保护等有关部门制定。

第七章　动物诊疗

第六十一条　从事动物诊疗活动的机构，应当具备下列条件：

（一）有与动物诊疗活动相适应并符合动物防疫条件的场所；

（二）有与动物诊疗活动相适应的执业兽医；

（三）有与动物诊疗活动相适应的兽医器械和设备；

（四）有完善的管理制度。

动物诊疗机构包括动物医院、动物诊所以及其他提供动物诊疗服务的机构。

第六十二条　从事动物诊疗活动的机构，应当向县级以上地方人民政府农业农村主管部门申请动物诊疗许可证。受理申请的农业农村主管部门应当依照本法和《中华人民共和国行政许可法》的规定进行审查。经审查合格的，发给动物诊疗许可证；不合格的，应当通知申请人并说明理由。

第六十三条　动物诊疗许可证应当载明诊疗机构名称、诊疗活动范围、从业地点和法定代表人（负责人）等事项。

动物诊疗许可证载明事项变更的，应当申请变更或者换发动物诊疗许可证。

第六十四条　动物诊疗机构应当按照国务院农业农村主管部门的规定，做好诊疗活动中的卫生安全防护、消毒、隔离和诊疗废弃物处置等工作。

第六十五条　从事动物诊疗活动，应当遵守有关动物诊疗的操作技术规范，使用符合规定的兽药和兽医器械。

兽药和兽医器械的管理办法由国务院规定。

第八章　兽医管理

第六十六条　国家实行官方兽医任命制度。

官方兽医应当具备国务院农业农村主管部门规定的条件，由省、自治区、直辖市人民政府农业农村主管部门按照程序确认，由所在地县级以上人民政府农业农村主管部门任命。具体办法由国务院农业农村主管部门制定。

海关的官方兽医应当具备规定的条件，由海关总署任命。具体办法由海关总署会同国务院农业农村主管部门制定。

第六十七条　官方兽医依法履行动物、动物产品检疫职责，任何单位和个人不得拒绝或者阻碍。

第六十八条　县级以上人民政府农业农村主管部门制定官方兽医培训计划，提供培训条件，定期对官方兽医进行培训和考核。

第六十九条　国家实行执业兽医资格考试制度。具有兽医相关专业大学专科以上学历的人员或者符合条件的乡村兽医，通过执业兽医资格考试的，由省、自治区、直辖市人民政府农业农村主管部门颁发执业兽医资格证书；从事动物诊疗等经营活动的，还应当向所在地县级人民政府农业农村主管部门备案。

执业兽医资格考试办法由国务院农业农村主管部门商国务院人

力资源主管部门制定。

第七十条　执业兽医开具兽医处方应当亲自诊断,并对诊断结论负责。

国家鼓励执业兽医接受继续教育。执业兽医所在机构应当支持执业兽医参加继续教育。

第七十一条　乡村兽医可以在乡村从事动物诊疗活动。具体管理办法由国务院农业农村主管部门制定。

第七十二条　执业兽医、乡村兽医应当按照所在地人民政府和农业农村主管部门的要求,参加动物疫病预防、控制和动物疫情扑灭等活动。

第七十三条　兽医行业协会提供兽医信息、技术、培训等服务,维护成员合法权益,按照章程建立健全行业规范和奖惩机制,加强行业自律,推动行业诚信建设,宣传动物防疫和兽医知识。

第九章　监督管理

第七十四条　县级以上地方人民政府农业农村主管部门依照本法规定,对动物饲养、屠宰、经营、隔离、运输以及动物产品生产、经营、加工、贮藏、运输等活动中的动物防疫实施监督管理。

第七十五条　为控制动物疫病,县级人民政府农业农村主管部门应当派人在所在地依法设立的现有检查站执行监督检查任务;必要时,经省、自治区、直辖市人民政府批准,可以设立临时性的动物防疫检查站,执行监督检查任务。

第七十六条　县级以上地方人民政府农业农村主管部门执行监督检查任务,可以采取下列措施,有关单位和个人不得拒绝或者阻碍:

(一)对动物、动物产品按照规定采样、留验、抽检;

(二)对染疫或者疑似染疫的动物、动物产品及相关物品进行隔离、查封、扣押和处理;

（三）对依法应当检疫而未经检疫的动物和动物产品，具备补检条件的实施补检，不具备补检条件的予以收缴销毁；

（四）查验检疫证明、检疫标志和畜禽标识；

（五）进入有关场所调查取证，查阅、复制与动物防疫有关的资料。

县级以上地方人民政府农业农村主管部门根据动物疫病预防、控制需要，经所在地县级以上地方人民政府批准，可以在车站、港口、机场等相关场所派驻官方兽医或者工作人员。

第七十七条　执法人员执行动物防疫监督检查任务，应当出示行政执法证件，佩带统一标志。

县级以上人民政府农业农村主管部门及其工作人员不得从事与动物防疫有关的经营性活动，进行监督检查不得收取任何费用。

第七十八条　禁止转让、伪造或者变造检疫证明、检疫标志或者畜禽标识。

禁止持有、使用伪造或者变造的检疫证明、检疫标志或者畜禽标识。

检疫证明、检疫标志的管理办法由国务院农业农村主管部门制定。

第十章　保障措施

第七十九条　县级以上人民政府应当将动物防疫工作纳入本级国民经济和社会发展规划及年度计划。

第八十条　国家鼓励和支持动物防疫领域新技术、新设备、新产品等科学技术研究开发。

第八十一条　县级人民政府应当为动物卫生监督机构配备与动物、动物产品检疫工作相适应的官方兽医，保障检疫工作条件。

县级人民政府农业农村主管部门可以根据动物防疫工作需要，向乡、镇或者特定区域派驻兽医机构或者工作人员。

第八十二条　国家鼓励和支持执业兽医、乡村兽医和动物诊疗机构开展动物防疫和疫病诊疗活动；鼓励养殖企业、兽药及饲料生产企业组建动物防疫服务团队，提供防疫服务。地方人民政府组织村级防疫员参加动物疫病防治工作的，应当保障村级防疫员合理劳务报酬。

第八十三条 县级以上人民政府按照本级政府职责，将动物疫病的监测、预防、控制、净化、消灭，动物、动物产品的检疫和病死动物的无害化处理，以及监督管理所需经费纳入本级预算。

第八十四条 县级以上人民政府应当储备动物疫情应急处置所需的防疫物资。

第八十五条 对在动物疫病预防、控制、净化、消灭过程中强制扑杀的动物、销毁的动物产品和相关物品，县级以上人民政府给予补偿。具体补偿标准和办法由国务院财政部门会同有关部门制定。

第八十六条 对从事动物疫病预防、检疫、监督检查、现场处理疫情以及在工作中接触动物疫病病原体的人员，有关单位按照国家规定，采取有效的卫生防护、医疗保健措施，给予畜牧兽医医疗卫生津贴等相关待遇。

第十一章 法律责任

第八十七条 地方各级人民政府及其工作人员未依照本法规定履行职责的，对直接负责的主管人员和其他直接责任人员依法给予处分。

第八十八条 县级以上人民政府农业农村主管部门及其工作人员违反本法规定，有下列行为之一的，由本级人民政府责令改正，通报批评；对直接负责的主管人员和其他直接责任人员依法给予处分：

（一）未及时采取预防、控制、扑灭等措施的；

（二）对不符合条件的颁发动物防疫条件合格证、动物诊疗许可证，或者对符合条件的拒不颁发动物防疫条件合格证、动物诊疗许可证的；

（三）从事与动物防疫有关的经营性活动，或者违法收取费用的；

（四）其他未依照本法规定履行职责的行为。

第八十九条　动物卫生监督机构及其工作人员违反本法规定,有下列行为之一的,由本级人民政府或者农业农村主管部门责令改正,通报批评;对直接负责的主管人员和其他直接责任人员依法给予处分:

(一)对未经检疫或者检疫不合格的动物、动物产品出具检疫证明、加施检疫标志,或者对检疫合格的动物、动物产品拒不出具检疫证明、加施检疫标志的;

(二)对附有检疫证明、检疫标志的动物、动物产品重复检疫的;

(三)从事与动物防疫有关的经营性活动,或者违法收取费用的;

(四)其他未依照本法规定履行职责的行为。

第九十条　动物疫病预防控制机构及其工作人员违反本法规定,有下列行为之一的,由本级人民政府或者农业农村主管部门责令改正,通报批评;对直接负责的主管人员和其他直接责任人员依法给予处分:

(一)未履行动物疫病监测、检测、评估职责或者伪造监测、检测、评估结果的;

(二)发生动物疫情时未及时进行诊断、调查的;

(三)接到染疫或者疑似染疫报告后,未及时按照国家规定采取措施、上报的;

(四)其他未依照本法规定履行职责的行为。

第九十一条　地方各级人民政府、有关部门及其工作人员瞒报、谎报、迟报、漏报或者授意他人瞒报、谎报、迟报动物疫情,或者阻碍他人报告动物疫情的,由上级人民政府或者有关部门责令改正,通报批评;对直接负责的主管人员和其他直接责任人员依法给予处分。

第九十二条　违反本法规定,有下列行为之一的,由县级以上地方人民政府农业农村主管部门责令限期改正,可以处一千元以下罚款;逾期不改正的,处一千元以上五千元以下罚款,由县级以上地方人民政府农业农村主管部门委托动物诊疗机构、无害化处理场所等代

为处理,所需费用由违法行为人承担:

(一)对饲养的动物未按照动物疫病强制免疫计划或者免疫技术规范实施免疫接种的;

(二)对饲养的种用、乳用动物未按照国务院农业农村主管部门的要求定期开展疫病检测,或者经检测不合格而未按照规定处理的;

(三)对饲养的犬只未按照规定定期进行狂犬病免疫接种的;

(四)动物、动物产品的运载工具在装载前和卸载后未按照规定及时清洗、消毒的。

第九十三条　违反本法规定,对经强制免疫的动物未按照规定建立免疫档案,或者未按照规定加施畜禽标识的,依照《中华人民共和国畜牧法》的有关规定处罚。

第九十四条　违反本法规定,动物、动物产品的运载工具、垫料、包装物、容器等不符合国务院农业农村主管部门规定的动物防疫要求的,由县级以上地方人民政府农业农村主管部门责令改正,可以处五千元以下罚款;情节严重的,处五千元以上五万元以下罚款。

第九十五条　违反本法规定,对染疫动物及其排泄物、染疫动物产品或者被染疫动物、动物产品污染的运载工具、垫料、包装物、容器等未按照规定处置的,由县级以上地方人民政府农业农村主管部门责令限期处理;逾期不处理的,由县级以上地方人民政府农业农村主管部门委托有关单位代为处理,所需费用由违法行为人承担,处五千元以上五万元以下罚款。

造成环境污染或者生态破坏的,依照环境保护有关法律法规进行处罚。

第九十六条　违反本法规定,患有人畜共患传染病的人员,直接从事动物疫病监测、检测、检验检疫,动物诊疗以及易感染动物的饲养、屠宰、经营、隔离、运输等活动的,由县级以上地方人民政府农业农村或者野生动物保护主管部门责令改正;拒不改正的,处一千元以上一万元以下罚款；情节严重的，处一万元以上五万元以下罚款。

第九十七条　违反本法第二十九条规定，屠宰、经营、运输动物或者生产、经营、加工、贮藏、运输动物产品的，由县级以上地方人民政府农业农村主管部门责令改正、采取补救措施，没收违法所得、动物和动物产品，并处同类检疫合格动物、动物产品货值金额十五倍以上三十倍以下罚款；同类检疫合格动物、动物产品货值金额不足一万元的，并处五万元以上十五万元以下罚款；其中依法应当检疫而未检疫的，依照本法第一百条的规定处罚。

前款规定的违法行为人及其法定代表人（负责人）、直接负责的主管人员和其他直接责任人员，自处罚决定作出之日起五年内不得从事相关活动；构成犯罪的，终身不得从事屠宰、经营、运输动物或者生产、经营、加工、贮藏、运输动物产品等相关活动。

第九十八条　违反本法规定，有下列行为之一的，由县级以上地方人民政府农业农村主管部门责令改正，处三千元以上三万元以下罚款；情节严重的，责令停业整顿，并处三万元以上十万元以下罚款：

（一）开办动物饲养场和隔离场所、动物屠宰加工场所以及动物和动物产品无害化处理场所，未取得动物防疫条件合格证的；

（二）经营动物、动物产品的集贸市场不具备国务院农业农村主管部门规定的防疫条件的；

（三）未经备案从事动物运输的；

（四）未按照规定保存行程路线和托运人提供的动物名称、检疫证明编号、数量等信息的；

（五）未经检疫合格，向无规定动物疫病区输入动物、动物产品的；

（六）跨省、自治区、直辖市引进种用、乳用动物到达输入地后未按照规定进行隔离观察的；

（七）未按照规定处理或者随意弃置病死动物、病害动物产品的；

第九十九条 动物饲养场和隔离场所、动物屠宰加工场所以及动物和动物产品无害化处理场所，生产经营条件发生变化，不再符合本法第二十四条规定的动物防疫条件继续从事相关活动的，由县级以上地方人民政府农业农村主管部门给予警告，责令限期改正；逾期仍达不到规定条件的，吊销动物防疫条件合格证，并通报市场监督管理部门依法处理。

第一百条 违反本法规定，屠宰、经营、运输的动物未附有检疫证明，经营和运输的动物产品未附有检疫证明、检疫标志的，由县级以上地方人民政府农业农村主管部门责令改正，处同类检疫合格动物、动物产品货值金额一倍以下罚款；对货主以外的承运人处运输费用三倍以上五倍以下罚款，情节严重的，处五倍以上十倍以下罚款。

违反本法规定，用于科研、展示、演出和比赛等非食用性利用的动物未附有检疫证明的，由县级以上地方人民政府农业农村主管部门责令改正，处三千元以上一万元以下罚款。

第一百零一条 违反本法规定，将禁止或者限制调运的特定动物、动物产品由动物疫病高风险区调入低风险区的，由县级以上地方人民政府农业农村主管部门没收运输费用、违法运输的动物和动物产品，并处运输费用一倍以上五倍以下罚款。

第一百零二条 违反本法规定，通过道路跨省、自治区、直辖市运输动物，未经省、自治区、直辖市人民政府设立的指定通道入省境或者过省境的，由县级以上地方人民政府农业农村主管部门对运输人处五千元以上一万元以下罚款；情节严重的，处一万元以上五万元以下罚款。

第一百零三条 违反本法规定，转让、伪造或者变造检疫证明、检疫标志或者畜禽标识的，由县级以上地方人民政府农业农村主管部门没收违法所得和检疫证明、检疫标志、畜禽标识，并处五千元以上五万元以下罚款。

持有、使用伪造或者变造的检疫证明、检疫标志或者畜禽标识的，由县级以上人民政府农业农村主管部门没收检疫证明、检疫标志、畜禽标识和对应的动物、动物产品，并处三千元以上三万元以下罚款。

第一百零四条 违反本法规定，有下列行为之一的，由县级以上地方人民政府农业农村主管部门责令改正，处三千元以上三万元以下罚款：

（一）擅自发布动物疫情的；

（二）不遵守县级以上人民政府及其农业农村主管部门依法作出的有关控制动物疫病规定的；

（三）藏匿、转移、盗掘已被依法隔离、封存、处理的动物和动物产品的。

第一百零五条 违反本法规定，未取得动物诊疗许可证从事动物诊疗活动的，由县级以上地方人民政府农业农村主管部门责令停止诊疗活动，没收违法所得，并处违法所得一倍以上三倍以下罚款；违法所得不足三万元的，并处三千元以上三万元以下罚款。

动物诊疗机构违反本法规定，未按照规定实施卫生安全防护、消毒、隔离和处置诊疗废弃物的，由县级以上地方人民政府农业农村主管部门责令改正，处一千元以上一万元以下罚款；造成动物疫病扩散的，处一万元以上五万元以下罚款；情节严重的，吊销动物诊疗许可证。

第一百零六条 违反本法规定，未经执业兽医备案从事经营性动物诊疗活动的，由县级以上地方人民政府农业农村主管部门责令停止动物诊疗活动，没收违法所得，并处三千元以上三万元以下罚款；对其所在的动物诊疗机构处一万元以上五万元以下罚款。

执业兽医有下列行为之一的，由县级以上地方人民政府农业农村主管部门给予警告，责令暂停六个月以上一年以下动物诊疗活动；情节严重的，吊销执业兽医资格证书：

（一）违反有关动物诊疗的操作技术规范，造成或者可能造成动物疫病传播、流行的；

（二）使用不符合规定的兽药和兽医器械的；

（三）未按照当地人民政府或者农业农村主管部门要求参加动物疫病预防、控制和动物疫情扑灭活动的。

第一百零七条　违反本法规定，生产经营兽医器械，产品质量不符合要求的，由县级以上地方人民政府农业农村主管部门责令限期整改；情节严重的，责令停业整顿，并处二万元以上十万元以下罚款。

第一百零八条　违反本法规定，从事动物疫病研究、诊疗和动物饲养、屠宰、经营、隔离、运输，以及动物产品生产、经营、加工、贮藏、无害化处理等活动的单位和个人，有下列行为之一的，由县级以上地方人民政府农业农村主管部门责令改正，可以处一万元以下罚款；拒不改正的，处一万元以上五万元以下罚款，并可以责令停业整顿：

（一）发现动物染疫、疑似染疫未报告，或者未采取隔离等控制措施的；

（二）不如实提供与动物防疫有关的资料的；

（三）拒绝或者阻碍农业农村主管部门进行监督检查的；

（四）拒绝或者阻碍动物疫病预防控制机构进行动物疫病监测、检测、评估的；

（五）拒绝或者阻碍官方兽医依法履行职责的。

第一百零九条　违反本法规定，造成人畜共患传染病传播、流行的，依法从重给予处分、处罚。

违反本法规定，构成违反治安管理行为的，依法给予治安管理处罚；构成犯罪的，依法追究刑事责任。

违反本法规定，给他人人身、财产造成损害的，依法承担民事责任。

第十二章 附则

第一百一十条 本法下列用语的含义：

（一）无规定动物疫病区，是指具有天然屏障或者采取人工措施，在一定期限内没有发生规定的一种或者几种动物疫病，并经验收合格的区域；

（二）无规定动物疫病生物安全隔离区，是指处于同一生物安全管理体系下，在一定期限内没有发生规定的一种或者几种动物疫病的若干动物饲养场及其辅助生产场所构成的，并经验收合格的特定小型区域；

（三）病死动物，是指染疫死亡、因病死亡、死因不明或者经检验检疫可能危害人体或者动物健康的死亡动物；

（四）病害动物产品，是指来源于病死动物的产品，或者经检验检疫可能危害人体或者动物健康的动物产品。

第一百一十一条 境外无规定动物疫病区和无规定动物疫病生物安全隔离区的无疫等效性评估，参照本法有关规定执行。

第一百一十二条 实验动物防疫有特殊要求的，按照实验动物管理的有关规定执行。

第一百一十三条 本法自 2021 年 5 月 1 日起施行。